好妈妈是孩子一生的好老师

贺特山 ◎著

中国纺织出版社

图书在版编目（CIP）数据

好妈妈是孩子一生的好老师 / 贺特山著 . -- 北京：中国纺织出版社，2020.4

ISBN 978-7-5180-4804-5

Ⅰ . ①好… Ⅱ . ①贺… Ⅲ . ①家庭教育 Ⅳ . ①G78

中国版本图书馆 CIP 数据核字（2018）第 049996 号

责任编辑：张　宏　　责任校对：寇晨晨
责任设计：师卫荣　　责任印制：储志伟

中国纺织出版社出版发行
地址：北京市朝阳区百子湾东里 A407 号楼　邮政编码：100124
销售电话：010 — 67004422　传真：010 — 87155801
http://www.c-textilep.com
官方微博 http://weibo.com/211988771
天津千鹤文化传播有限公司印刷　各地新华书店经销
2020 年 4 月第 1 版第 1 次印刷
开本：710×1000　1/16　印张：10.5
字数：144 千字　定价：36.8 元

凡购本书，如有缺页、倒页、脱页，由本社图书营销中心调换

前　言

相信世界上所有的妈妈都一样，自从孩子出生后，自己的时间和精力都用在了孩子身上，仿佛忘记了自己的存在，只希望能将手心里的小宝贝培养成一个优秀的人。

面对一块不曾被雕琢过的天然美玉，优秀的工匠可以巧夺天工，让它变得价值连城，而蹩脚的工匠却只会破坏它的美好，最终令它一文不值。每个孩子都是一块天然的美玉，蕴藏着无限的才能，正确地雕琢可以令其成为无价之宝；稍有不慎，就可能损坏他的价值。而妈妈，就是那个即将琢玉的工匠。因此，如何养育孩子，激发出孩子的潜能，让孩子变得优秀，成为了每个妈妈面临的大难题。

为了让孩子健康、快乐地成长，妈妈们往往是"四处取经"，寻找各种教子秘诀。其实大可不必，因为最好的方法往往就在身边，这个方法就是妈妈自己。妈妈是孩子人生中接触到的第一个人，也是最关键的一个人，孩子对妈妈充满了爱、充满了依恋，更充满了信任，没有人比妈妈更了解自己的孩子，懂得他的喜怒哀乐、一言一行。所以，妈妈不仅要做孩子的第一任老师，而且更要成为孩子一生的好老师。在日常生活中，在每一件小事上，妈妈如何管教孩子、如何引导孩子、如何处理与孩子之间的关系，每个细节都蕴含着教育的方式和方法。而对各种问题的处理方式，也能够区分出妈妈到底是个能干的工匠还是蹩脚的师傅——它将使孩子的世界和未来全然不同。

天下的妈妈们虽然都有一颗爱孩子的心，但在与孩子相处过程中却感觉越来越茫然、无助，甚至尴尬、焦虑，家庭教育不但没能成为一场和谐的亲情颂歌，反而渐渐演变出了无数的矛盾和"战争"。妈妈们在教育孩子的过程中也经常感觉"心有余而力不足"，面对孩子身上出现的各种各样的问题，想纠正却不得法，想和孩子沟通却被孩子拒之门外，想给孩子自由却又怕孩子因此变得散漫难管……到底眼前的这块璞玉该如何去雕琢，才会让它成为一件精美的作品，而不至于变成一块破烂的石头？

在这本书中，我们给出了相应的建议。孩子的成长原本就是一个缓慢的过程，而养育孩子原本也是一场充满爱的、温柔的旅程，在这段旅程中，妈妈既需要有爱心，又需要有耐心、尊重和得当的方法与言行，这样才能规范孩子的习惯，引导孩子认真学习，帮助孩子养成良好的品质，并能够走进孩子的内心世界，了解孩子的喜怒哀乐，从而陪伴孩子真正快乐、健康地成长。

为了增加内容的可读性，书中尽可能地规避了艰涩难懂的理论，改以引用一些鲜活生动、较为典型的案例，以此来引领妈妈们破解各种教育难题，走出家庭教育的误区，最终担负起孩子一生中最重要的老师的神圣职责。

贺特山

2020 年 3 月

目 录

第 1 章　爱是一段温柔的教养旅程

第一节　尊重，给孩子真正的爱与自由　2
第二节　多点理解，让孩子自由成长　6
第三节　爱与溺爱是两件相反的事情　11
第四节　允许孩子"犯错误"　15
第五节　信任和欣赏，孩子成长中的温暖阳光　19

第 2 章　好习惯，使孩子受益一生

第一节　请允许孩子"慢点"长大　24
第二节　磨蹭，是孩子成长中的天性　28
第三节　好习惯不是强迫出来的　33
第四节　最好的"诺言教育"是身教　37
第五节　立规矩，给孩子有界限的爱　41

第 3 章　会学习，让孩子拥有持续竞争力

第一节　孩子说不再喜欢，兴趣班要不要继续　46
第二节　制订学习计划，让孩子远离"杂乱无章"　50
第三节　培养阅读习惯，任何时候都不晚　54
第四节　提高专注力，妈妈可以这样做　57
第五节　做题粗心，也许不全是孩子的错　61
第六节　保护孩子的探索和求知欲　64

第 4 章　好品质，引导孩子领跑人生

第一节　宽容，让孩子一生更快乐　70

第二节　善良与爱心，孩子身上的"闪光点"　73

第三节　责任，敢于大声说"对不起"　77

第四节　自信，告诉孩子"你能行"　80

第五节　勤奋比天赋和智商更重要　84

第 5 章　走进孩子的内心，妈妈会说更要会听

第一节　"谆谆教诲"，也许只是烦人的唠叨　90

第二节　尊重孩子的"话语权"　94

第三节　"听话"的孩子，就是完美孩子吗　99

第四节　妈妈少说多听，解决问题需要同理心　103

第五节　如何面对孩子的负面情绪　107

第六节　批评孩子也要讲究艺术性　112

第 6 章　管得越少，孩子会越好

第一节　允许孩子自己去处理与伙伴的矛盾　118

第二节　孩子经常被欺负，妈妈该不该插手　123

第三节　不要利用大人的"智慧""套路"孩子　126

第四节　适当放手，让孩子独立担当　131

第五节　不控制，没有害怕就没有谎言　135

第 7 章　美育，是不教而教的艺术

第一节　美育，让孩子的人格完整、灵魂自由　140

第二节　别让孩子成为美盲　144

第三节　保护孩子天马行空的想象力　148

第四节　陪孩子逛逛美术馆、博物馆　153

第五节　跟孩子一起发现生活中的美　156

第1章

爱是一段
温柔的教养旅程

第一节　尊重，给孩子真正的爱与自由

著名作家毕淑敏有一篇散文，叫《我很重要》，其中写道："我对于我的工作我的事业，是不可或缺的主宰。我的独出心裁的创意，像鸽群一般在天空翱翔，只有我才捉得住它们的羽毛。我的设想像珍珠一般散落在海滩上，等待着我把它用金线串起。我的意志向前延伸，直到地平线消失的远方……没有人能替代我，就像我不能替代别人。我很重要。"

作为一名家长，读完这段话，你有什么感想？

我想，它带给我们的，应该是关于"尊重生命本身"的思考。任何一个人，从来到这个世界开始，就是一个重要的人，就需要获得尊重，我们的孩子同样如此。在家庭当中，如果我们懂得尊重孩子，就会让孩子成长为一个具有内在价值的人，既能学会尊重自己，也能学会尊重他人；既懂得爱己，也懂得爱人，自尊、自信。这也是一个人未来成才、获得幸福的要素之一。

那么，我们该怎样尊重孩子呢？

尊重孩子，就是要尊重他的独特性，拥有独特的个性和独立的情感，不因为他学习不好、表现不佳而斥责他、贬低他，也不因为他经常考全班第一就认为他高人一等。尊重是没有条件的。

在尊重孩子这方面，一些西方人的做法很值得我们学习。旅美作家蔡

真妮在她的《用尊重成就孩子的一生》一书中，就写了这样一件事：

她去女儿的班上做义工，碰巧看到班主任让两个孩子去分发已经批改完的考卷。当老师把考卷分发给两个孩子时，突然悄悄地对他们说："记得，不要有任何表情哦！"两个孩子点点头，然后转过身，面无表情地把考卷按名字分发给了每位同学。

蔡真妮很不解，事后就问班主任为什么这样做？班主任说："发考卷的孩子看到哪个同学获得好成绩时，就会流露出羡慕赞赏的表情，而对成绩不好的同学，又会流露出同情的表情，这会让成绩不好的同学感觉自己很差、很可怜。孩子的学习能力不同，特长也不同，他们每个人都需要获得尊重，所以我要求他们这样做，这样孩子们就能把学会尊重别人放在其他事情之上，比如，放于成绩之上。"

从这件事可以看出，这位老师不仅尊重每一个孩子，而且懂得如何去尊重孩子，并教孩子学会尊重他人。然而，在我们的家长之中，又有几个能真正学会尊重自己的孩子呢？否则，为什么世界上的父母都爱自己的孩子，却有那么多孩子感受不到父母的爱呢？

究其根源，还在于父母没有做到恰当地爱孩子，没有真正学会尊重孩子。爱，要以尊重为前提。懂得尊重，才配谈爱，人与人之间交往是这样，父母与孩子之间相处同样如此。如果你嘴上天天说着"爱孩子"，实际却做着伤害孩子自尊的事，试想一下，孩子怎么能体会到你的爱呢？

所以，请真正爱孩子的父母记住下面几点：

爱孩子，请从尊重孩子开始

每个人天生都有自尊和羞耻感，即便是个小婴儿，从 6 个月时，就能学会识别"好脸色"和"坏脸色"。你对他笑，他也会笑；你对他横眉竖眼，他会难过、会哭。所以，别看孩子小，他同样有强烈的个人尊严感，而我们大人常常意识不到他们正在受到伤害，更意识不到自己对孩子的蔑视、训斥会让他们难过、压抑。

生活中，父母蔑视、不尊重孩子的事例数不胜数，比如孩子要用筷子吃饭，可因为不熟练，夹不上菜，有的妈妈就会嘲笑孩子："哎呀，你看你笨的！这么大了，连筷子都用不好！"这可能是妈妈无心的一句话，可对孩子来说却是一种蔑视和不尊重。孩子为了不再被妈妈嘲笑，很可能就会拒绝再用筷子。相反，如果妈妈发现孩子用得不好，改嘲笑为鼓励和赞赏："妈妈发现你今天又有进步了，昨天你还拿不好呢，但今天已经可以练习夹菜了，加油哦！"孩子获得了妈妈的肯定和鼓励，哪怕知道自己用筷子用得不好，也会继续练习，而不是放弃。

孩子年龄小，做不好一些事情很正常，但妈妈要意识到：真正爱孩子，就要帮助孩子拥有一个健康的心灵，而不是多大的能力。不要认为孩子年纪小，什么都不懂，就不需要尊重。要知道，伤害孩子的尊严，是教育的大忌。

被孩子接受的爱，才是真正的爱

漂亮可爱的悦悦是妈妈的心肝宝贝，妈妈喜欢给她买各种好吃的，喜欢带着她去听各种音乐会，还喜欢给她穿好看的公主裙，把她打扮得像童话里的小公主……但是，渐渐长大的悦悦却越来越不喜欢妈妈给她的东西，例如她不喜欢妈妈给她买的草莓蛋糕，因为她喜欢吃香草味的；不喜欢妈妈总让她穿泡泡裙，因为她更喜欢穿运动装；更不喜欢妈妈带她去听的音乐会，每次她都困得想睡觉……悦悦也跟妈妈说过她不喜欢这些东西，但妈妈总说："妈妈这是爱你啊，所以妈妈给你的东西，都是最好的！"不过悦悦可不这么觉得，她觉得自己毫无自主权，甚至都有点讨厌妈妈了。

无疑，妈妈是非常爱悦悦的，但有爱不代表孩子就会感到快乐，就会享受其中。爸爸妈妈的爱，只有被孩子接受了，才会让孩子感到幸福，才是真正的爱。如果你强行给他的东西，是你自以为最好的，但却不是孩子乐于接受的，甚至是让孩子厌烦的，这样的爱又有什么价值呢？

所以，如果你真正地爱你的孩子，就请以孩子乐于接受作为标准，并经常思考一下：孩子想要的到底是什么？如何表达爱，孩子才更容易接受、理解和满足？那些漂亮的衣服、好玩的玩具，真的是孩子期盼的吗？

相比于那些物质，孩子更想得到父母足够的关爱、重视、沟通和理解。因此，与其花钱给孩子买一堆吃的玩的，不如腾出一点时间，坐下来和他聊聊天、玩玩游戏、读一本书，听听孩子的心声，了解他的喜好。这样，我们才能在第一时间知道孩子到底要什么，怎样的爱才是他们乐于接受的，才是最有利于他们成长的。

第二节　多点理解，让孩子自由成长

有位妈妈，对刚上小学的儿子说："你想不想像邻居家的叔叔那样，上完小学后，就上中学、考大学，然后去美国留学？"

"大学什么样？到美国留学有什么好？"儿子有些不解地问妈妈。

"长大都要上大学啊，那是很有面子的！而且出国留学更是让人羡慕的事。总之都是好事，你能听妈妈的话，好好学习吗？"妈妈紧盯着儿子问道。

儿子似懂非懂地点点头，眼中却一片茫然。

"好好学习你懂吧，就是以后考试，门门都得考100分才行！"妈妈继续强调。

"好，我听妈妈的话，好好学习，以后当个人人都羡慕的人。"儿子点头保证。

"好孩子！妈妈为了你，吃多少苦、受多少累都不在乎，只要你学习好，有出息！否则，妈妈会很伤心的！"说完妈妈露出了欣慰的笑容。

这位孩子未来会不会有出息，能不能成为人人羡慕的人，我们不得而知，但在当下，妈妈一定觉得自己是伟大的、真正爱孩子的，为了孩子的未来，自己哪怕吃苦、受委屈都无所谓。只要孩子听话，好好学习，将来就一定能成功有出息。

这是典型的大人对孩子进行的"误导教育"。孩子的理解力还不成熟，而父母又很想让孩子朝着自己期望的那个方向成长，于是就想方设法地向孩子解释清楚一件对他来说有益的事。如此一来，掺入了许多大人们好恶观点的信息，便带着一些"强制"的意味灌入了孩子的心灵之中。

遗憾的是，父母们仅仅考虑了自己的期望和利益，却忽视了孩子的想法和感受。美国一位名叫朱迪斯·布朗的心理学家将这种强制的"爱"称作是父母对孩子实施的"慈祥的虐待"。而事实上，这种以"爱"的名义强制孩子的行为，给孩子造成的心理创伤绝不亚于暴力行为所留下的创伤。

试想一下，孩子将来如果一切都如父母所愿，父母也许开心了，但孩子自己呢？是否坚持了自己的梦想与热爱？是否感到真正的快乐？

爱孩子是父母的本能，这种爱，有时能给予孩子温暖和力量，但有时也会严重影响孩子的发展。所以，就算你的爱深如大海，也不要忘了孩子是个独立的个体。任何时候，强制的爱对孩子都有可能是一种桎梏，而多给孩子一些体恤、理解和自由的爱，反而更有利于孩子的成长。

尊重孩子的天性，给予孩子一定的自由

我们常说，希望孩子"健康、快乐地长大"，可我们是否说到做到了呢？孩子每天都在长大，但他真的"健康、快乐"吗？有多少孩子为了迎合父母，满足父母的期望，而默默地压抑着自己？又有多少孩子，每天都在忍受着父母的唠叨、指责、训斥？这样的他们，能快乐吗？

也许你会说："我是爱他啊，我是为他好呀！"是的，这是大多数父母的说辞。而且，凡是这样说的父母，大多会摆出一副居高临下的态度，将自己当成是孩子的总指挥：我说什么，你只需要听就行了；我要你做什么，你只要去做就行了。至于孩子想什么，不重要。

这真是件很糟糕的事！

孩子有自己的成长规律，更有属于自己的爱玩、爱闹的天性，他需要一定的时间和空间来慢慢长大，而不是像个木偶一样，时刻都被父母牵着走。

所以，如果你真的希望自己的孩子"健康、快乐"地成长，最好尝试着给孩子一些自由的空间，放手让他自己去尝试、去折腾。虽然父母对孩子的管束是十分必要的，但并不是管得越严越好，越苛刻越好。教育学家认为孩子的成长规律，才是教育的规律。如果孩子是一株小苗，那就让他在自己的田地里自由地生长，而我们只需在必要时施以援手即可，切忌处处干涉、强制，这才是智慧的父母应该做的事。

与孩子沟通时，多用商量代替命令

英国教育家斯宾塞曾说："对孩子要少下命令，命令只有在其他方式不适用或失败时才用。要像一个善良的立法者一样，不会因为去压迫人而高兴，而要因为用不着压迫而高兴。"

所以，懂得爱孩子的父母，也应该会是一个不随意对孩子下命令的父母。孩子有被尊重、被理解、被体恤的需要，尤其是他可能做了让父母不开心的事之后。比如，某次考试成绩不理想，他需要的是与父母平等的沟通，父母可以说："能跟我说说，这次成绩不理想的原因是什么吗？"而不是："你怎么考这么差？下次必须给我考入前三名！"试想一下，这样被以不同方式对待的两个孩子，哪个更能体会到父母的爱，更愿意敞开心扉，与父母沟通呢？

面对孩子提出的某些要求，我们即便不能满足或不应满足时，也要先体谅孩子的要求，再用和气的沟通方式去拒绝，比如："我知道你很想要这件东西，但目前我们还用不到。我们可以把这笔钱省下来，做其他更重要的事。"而不是"不行！""不可以！""不能买！""这件事就这么定了！"等粗暴的强制性拒绝。

多数情况下，与孩子商量要比对他下命令更有效，因为这样会让孩子感到被理解、被尊重。更重要的是，这样可以教会孩子以后在社会上如何做人与做事，以便与他人求得共识或找到正确的解决途径。就像美国成功学家卡耐基所说的，用"建议"而不是"下命令"，不但能维护对方的自尊，还能令他人更乐于改正错误，并与你合作。而作为父母的我们，对孩子所期待的，不正是这样吗？

面对孩子的过失，请学会从孩子的观点思考

著名家庭教育专家卢勤女士认为，成年人与孩子沟通的"钥匙"，不只掌握在孩子手里，而是妈妈和孩子每个人的手里都有一把，但是最重要的还是妈妈手中的钥匙。妈妈想要与孩子建立良好的沟通，就必须要学会一件事——能够常常从孩子的角度去思考，从孩子的角度去观察、发现和决定事情，这是对孩子最大的爱和尊重。

而现实中，有些父母总喜欢在孩子面前摆架子，对孩子呼来喝去，经常用命令、强制的语气跟孩子说话，比如，"去给我倒杯水。""不许再看电视！""今天放学不准出去玩，必须留在家练琴！"……可慢慢的，这些父母就会发现，孩子越来越不吃这套了，甚至常常将父母的这些"命令"当成耳旁风。

事实上，命令或强制都不是一种很有效的教育方式，相反，它还可能令妈妈对孩子的教育行为不再有回旋的余地。比如，妈妈命令孩子去写作业，不要再玩游戏，可妈妈"下令"几次了，孩子都置若罔闻，只管玩自己的，这时，妈妈可能就没有更好的办法了。相反，如果妈妈理解、体恤孩子想玩的心理，可以这样对孩子说："哇，这个游戏好好玩，难怪你会这么喜欢呢！不过你已经玩了很长时间了，该写作业了。要不你再玩 5 分钟，然后去写作业，好吗？"这样从孩子的观点去看问题，表示对孩子玩游戏的理解，又用征询的语气与孩子说话，孩子感到自己得到了妈妈的理解和尊重，也许不到 5 分钟，就乖乖放下手中的游戏去写作业了。

总之，孩子需要管，但更需要妈妈的理解和体恤。如果我们凡事都能站在孩子的角度去思考一番，然后想想自己在孩子这样的年龄时，遇到同样的事时是怎样想的、怎么做的，我们就能发自内心地理解孩子，从而懂得如何有效地与孩子去沟通，有效地向孩子表达自己的爱。

第三节　爱与溺爱是两件相反的事情

年仅 12 岁的小帅，已经第三次打他的妈妈了，妈妈脸上几道清晰的血痕，让人看起来格外刺眼。

小帅小时候是在爷爷奶奶身边生活的，到 6 岁上小学才回到爸爸妈妈身边。由于爸爸妈妈一直在外地打工，陪伴孩子的时间很少，因此总觉得亏欠孩子。现在孩子终于回到身边，爸爸妈妈都想好好补偿他。小帅有什么要求，爸爸妈妈几乎都是百依百顺，有求必应。到三年级时，小帅就成了班里的"小霸王"，成绩也开始不断下滑。妈妈一说他，他就闹着要离家出走。因为心疼孩子，妈妈只好忍气吞声，以为孩子再大点就懂事了。

后来，小帅又开始在外面跟社会人学着抽烟、打游戏，动不动就跟妈妈要钱。有一次，小帅又逃学出去打游戏，还输了不少钱，回到家就向妈妈要。妈妈终于忍不住，对小帅说："我不是前天才给你钱吗？你又逃学出去鬼混了吧！"哪知小帅一把把妈妈推到一边，大声呵斥："你简直太吝啬了，每次就给那么点钱，怎么够我用的？你看××家长多好，他想花多少，他妈妈就给多少，那才是亲妈！你就是不爱我才舍不得给我钱吧，不爱我你当初为什么把我接回来？"

从此后，只要小帅的要求得不到满足，他就摔东西，甚至喊着跳楼要挟妈妈，甚至对妈妈动手施暴……简直到了有恃无恐的地步。

如今，随着独生子女和留守儿童数量的增多，父母对孩子的爱也逐渐变得不理性起来。如果家中只有一个孩子，除爸爸妈妈外，爷爷奶奶、姥姥姥爷，更是视孩子为掌上明珠，对孩子有求必应，结果让孩子得到了过多不合理的爱。而留守儿童同样是个大问题，父母平时不在身边陪伴，总感觉亏欠孩子，一旦孩子回到身边，便恨不得把之前所有的亏欠都弥补上，对孩子的各种要求从不拒绝，结果让孩子的一些不合理要求也获得了满足，而且他们还觉得父母这样做都是天经地义的。

这两种现象，都说明同一个问题，即家长对孩子的爱已严重偏离了"爱"的本质，变成了一种极端的"爱"——溺爱。爱孩子，这是妈妈的本能，孩子的健康成长也离不开妈妈充足的爱。适当的爱并不会让孩子变坏，孩子表达出来的一定是真、善和美的，这是天性。相反，如果妈妈感觉自己给予了孩子很多很多的爱，甚至都快被自己的爱感动了，可孩子却变得专横跋扈，毫无同理心，那么一定是你所给予的"爱"出了问题，你所谓的"爱"已经变成了溺爱，脱离了爱的本质。

爱和溺爱，是完全相反的两件事。著名家庭教育学者尹建莉在《最美的教育最简单》一书中，就将两者进行了区分。在她看来，爱和溺爱不是一件事情的程度深浅，也不是你给予孩子的爱太多了就是溺爱，而是两件完全不同的东西。真正的爱，是给予孩子一定的自由、欣赏和宽容，而溺爱则是对孩子的纵容、包办和批评。这两种性质完全不同的爱，对于孩子成长的影响也完全不同。

爱是阳光，溺爱是枷锁

能拥有妈妈很多爱的孩子，是幸福的孩子，但对于妈妈来说，这种爱应该是有尺度的。如果小到穿衣吃饭，大到择业择偶，妈妈都要管，表面上看是因为爱孩子，实际是剥夺了本该属于孩子的自由，让孩子变得毫无主见。

真正的爱，是给孩子自由和宽容，给孩子选择权、尝试权和犯错误权，让孩子在不断尝试、不断失败中获得成长必需的生活经验，从而培养起他的独立性，让他拥有独立的思想和人格，这才是一个孩子未来在社会上安身立命的根本。

而溺爱，不过是打着"爱"的旗号，对孩子进行占有和控制，不断地用成人的意志去左右孩子，剥夺孩子的独立性，也剥夺了孩子体验生活的权利，导致孩子失去很多生活能力。这样的爱，对孩子来说不是阳光，而是一种枷锁，因此也会令孩子出现很多问题，如缺乏主见、缺乏自立能力、心理抗挫能力差，有些孩子甚至会因此而不愿遵守规则、缺乏公德等，总之很难适应社会。

爱是合理的给予，也是合理的拒绝

在孩子很小的时候，父母觉得满足孩子的要求不是什么难事，只要孩子开心就好。但是，没有一个家族能满足孩子一生中的所有要求，当你的孩子欲求未满时，当你没有能力再满足他时，孩子会怎么样？上述案例中的小帅，就是对所有不理智地爱孩子的家长的警醒。

真正伟大的爱，不是无上限地满足孩子的要求，而是在合理给予的同时，也要有合理的拒绝。比如，孩子已经看了很长时间的动画片，马上就要吃饭了，却仍然没有停下来的意思。这时，妈妈就要拒绝孩子再继续看，哪怕孩子为此耍赖、闹情绪，都不能妥协。但为了让孩子容易接受，妈妈可采取一些小"技巧"，如用讲故事的方式告诉孩子："如果一直看动画片，不吃饭，小肚肚就会饿得很痛，小手也会饿得没有力气干活……"这样缓解一下彼此之间紧张的气氛，在愉快的情况下，孩子更容易接受妈妈的建议。切忌孩子一哭闹，妈妈马上就妥协："看吧看吧，想看多久就看多久哈，别哭了乖宝贝！"孩子抓住妈妈的心理后，以后就会变本加厉，直到达到自己的目的为止。

合理的给予，可以表达自己对孩子的爱；合理的拒绝，则是尊重孩子的独立个性，帮助孩子成长，并让孩子懂得：对于每个人来说，不是每样东西都能获得，爸爸妈妈也不是帮你实现所有愿望的上帝；每个人在生活中都需要遵守一定的规则；干净的衣服、可口的饭菜、舒适的环境、好玩的玩具，都不是理所当然的……当孩子了解了这些事实后，就会慢慢学会控制自己的欲望，懂得感恩父母的付出。

第四节　允许孩子"犯错误"

街上，一位年轻的妈妈正带着一个四五岁的小男孩散步。忽然，小男孩看到街边玩具店橱窗里有一辆非常炫酷的滑板车："妈妈，你快看，这个滑板车真是太酷了，我好喜欢啊！给我买下来吧！"说完，拉着妈妈就要进去买。

"宝贝，你已经有两辆了，不能再买了。"妈妈拉住小男孩的手，说道。

"不嘛！我就要，这辆多好看呀！"小男孩继续拉着妈妈，想要进去。

"不行的，你不能看见好看的就要买，何况我们今天出来是散步的，不是要买东西的！"妈妈仍然站在原地。

"哇——"小男孩一下躺在地上，哭了起来，"我就要就要！我就喜欢这个！"

妈妈甩开孩子的手，显然是生气了，但没有发作。小男孩仍然卖力地哭着，但妈妈没有丝毫要妥协的意思。

过了一会儿，妈妈蹲下来，似乎是想到办法了："我知道你很生气，不过我现在有个好主意，你想试试吗？"

孩子顿了顿，停止了哭闹。

妈妈继续说："你想那辆超炫的滑板车，但我不想买它。现在，我们去别的玩具店看看，也许有玩具店做活动时，会乐意把它当做礼物送给你呢，好不好？"

小男孩一下子从地上蹦起来，拉着妈妈的手就向另一个玩具店走去。结果可想而知，玩具店是不可能把这个滑板作为礼物送给小男孩的，但经过这样一个缓冲，小男孩的激烈情绪已经过去了，只是又回去看了看那辆滑板，说："其实跟我家里的也差不多，算了，那就不买了吧。"

如果遇到案例中的情况，你会如何应对？许多妈妈的反应可能都是恼火加生气，甚至大声训斥孩子一通。但对于一个孩子来说，看到喜欢的东西想要占有，这算不上什么大错，出现些情绪也是正常的。聪明的妈妈会尊重孩子的情感，允许孩子表达，而不是气急之下恶语相向，口不择言地对孩子一通呵斥。这样的教育方式，当时是觉得痛快了，可却没想到对孩子会造成多大的影响和伤害。

孩子的成长是个漫长的过程，出现不当的言行，犯一些不大不小的错误，都是再正常不过的事，何况犯错本来也是孩子成长必经的过程。而这些时候，恰恰是最考验妈妈教育方式的时候。作为孩子的"第一任老师"和"最亲近的人"，妈妈非常需要把握好一个尺度：既允许孩子适当地犯一些错，使孩子从中吸取教训，又不会过度纵容孩子的不当言行，或因为处理不当而伤了孩子的心。下面的几点建议，妈妈们也许可以参考一下：

允许孩子适当犯错

在德国的幼儿园和学校中，有一个不成文的说法，叫"不犯错就不是孩子了"。就连我国春秋时期的史学家左丘明，在《左传》中也说过一个家喻户晓的真理：人非圣贤，孰能无过！

孩子本来就是个独立的个体，同样也不是个完人，大大小小，多多少少，总会犯错。更何况孩子正处于好奇心和探索欲都很强的年龄，与成人不同，他们犯错大都不是明知故犯，而是出于好奇或无知，加上本身自控力较差，根本没有意识到自己的行为已经构成了错误，也就是我们说的"无心之失"。所以，作为陪伴孩子成长的妈妈，完全不必将孩子犯的错当成是洪水猛兽，不可饶恕，而应允许孩子去探索、去犯错，理解和包容孩子的无心之过。

当然，这不是说纵容孩子故意去犯错，这不是教育的初衷。而且即便是孩子无心犯了错，我们也要适时抓住时机，教导孩子认识和改正错误。毕竟，让孩子改正并吸取教训，才是我们最终教育的目标。

宽容对待孩子的感受，严格对待孩子的行为

如果有人问你："教育孩子的目标是什么？"是让孩子成为一个音乐家、科学家，还是成为一个有责任心，懂得尊重他人的人？我想，一千位妈妈，肯定就会有一千个回答，但归根结底，都希望自己的孩子成为一个正派的人。要如何教育孩子，才能让孩子成长为这样的人？说来也简单，就是在不伤害孩子情感的基础上，用恰当的方法慢慢地去引导。

孩子像我们大人一样，都是不断从经验中慢慢学习和成长的。不同的是，他们还是一张白纸，任何笔迹落在上面，都会留下痕迹，造成影响。因此，当孩子犯错时，妈妈首先要做的不是责备他，而是先理解和宽容他的感受，学会与孩子交流时不激怒孩子，不伤害孩子的自尊心，更不要破坏孩子的自信，使他们对自己的能力和价值产生怀疑。

不论孩子的年龄多大，他在做某件事时都是有自己的感受的，比如喜欢、讨厌、憎恨、自责、害怕、悲伤等，有积极的，也有消极的，还有矛盾的。像我们大人一样，孩子也无法控制自己的感受，但他们同样有权利表达这些情感。所以，我们应该宽容地对待孩子的这些感受，不要认为孩子的感受是不重要的、是没用的。

但是，对孩子的错误行为必须严格制止，比如，孩子莫名其妙打人、撒谎、偷东西……一旦发现孩子有这些行为，都要及时纠正，告诉孩子错在哪里，该怎样改正。在纠正孩子错误时，妈妈不一定要大吼大叫，这样反而容易使孩子紧张，甚至忘记了自己的错误。只要态度严肃，语气平和，摆眼前事实，讲错在何处，孩子就会意识到自己的错误。但注意不要翻旧账，惹孩子厌烦，结果事与愿违，达不到教育的目的。

孩子犯错时，以说明过失的后果来代替责骂

哈佛大学医学院教授马丁·泰奇在一本叫作《美国家教研究》的杂志上曾撰文指出："每个妈妈都不应该低估对孩子责骂后产生的后果。"他表示，妈妈应对孩子所遭受的各种创伤给予细心的关注，因为这些心灵创伤比身体上的虐待更严重。遭受责骂的孩子，容易产生心理压力，而这种压力会使他们大脑中某些脆弱区域的正常发育受到影响，最终令他们在精神病学方面出现一些较为严重的后果。

不过，面对孩子所犯的错，多数妈妈都是会批评指责的，但聪明的妈妈会掌握一定的技巧，将责备对孩子产生的心理压力降到最低，同时又可使孩子接受教训。比如，在责备孩子时，不要激动，连珠炮似地数落孩子，而要让语气放缓，低而有力，便于孩子听清你所表达的态度，同时也让孩子明白自己到底错在哪里。

最关键的一点在于，在你表达自己的态度时，要向孩子说明犯错的后果。如孩子在玩时推了同伴一把，有的妈妈便开口责骂孩子："人家玩得好好的，你推人家干吗？是不是又想挨揍！"这样的"教训"，反而强化了孩子的过失行为，孩子的注意力都会集中在与你的责备的对抗上，根本不会去反思自己的行为，自然也达不到教育的目的。

其实在这时，妈妈如果能说明孩子犯错的后果，调动孩子的情感体验，那么这样更容易让孩子意视到自己的错误。如妈妈可以这样说："你推了小朋友，他会摔倒的，摔倒了就会很疼。如果是你被推倒，会不会疼呢？"如此便唤起了孩子的同理心，孩子也会由此反思自己的过失行为，并逐渐改正。

第五节　信任和欣赏，孩子成长中的温暖阳光

几年前，在一所小学里发生了这样一件事：一次期末考试后，老师把班里成绩倒数的十几名学生和他们的家长叫到学校，让家长和孩子面对面站成两行，然后把每个孩子的成绩和他们的缺点逐一列出来，最后对家长们说："这是我遇到的最差劲的学生，作为父母，你们看怎么办？"

在老师的训斥下，家长们一个个都满腔怒火，对自己的孩子更是恨铁不成钢。而老师的最后一句话更像是一个点燃的"炸药包"，直接引爆了家长的愤怒。家长们冲上去，对着自己的孩子就是一通暴揍，把自己内心的羞辱全部倾泻到不争气的孩子身上。

唯独有一位妈妈没有这样做，她只是把双手搭在孩子的肩膀上，用慈爱的目光注视着自己的儿子。不久，妈妈和孩子的眼里都噙满了泪花。

老师不明所以，问这位妈妈："你难道不想教训教训你的孩子吗？"这位妈妈却回答说："你们任何人都可以看不起我的孩子，但作为他的妈妈，我相信他是天下最好的孩子。要我打我的孩子，我永远都做不到！"

几年后，这个唯一没有被妈妈暴揍的差生，考入了一所著名的艺术院校。而其他的孩子，大多数都成了平庸之辈。

如果你碰巧是这些家长中的其中一位，试想一下，你当时会如何处理这件事？是否能十分冷静、理性地面对孩子的成绩，以及老师列出来的种

种缺点？我相信大多数家长都是做不到冷静和理性的。

对于孩子来说，家长是非常具有权威的。你只需一句否定的话，就会让孩子产生被全盘否定的感觉。可一些妈妈却根本没意识到这点，一看到孩子不如自己所愿了，就什么难听说什么："你怎么这么笨！""养你这么大有什么用？完全就是个废物点心！""你看人家王××，不知道比你强了多少倍！"……

也许你只是因为生气，才会口不择言地向孩子宣泄一番，其实心中仍然对孩子疼爱不已，对孩子的各种要求仍然会竭力满足，也仍然会尽己所能地培养他、教育他。可当时这些蔑视的话语，却像一把把锋利的尖刀，刀刀都扎在了孩子的心尖上！孩子的疼痛，你能想象吗？而且在这些负面语言的暗示下，孩子也会产生"我很差""我再努力也没用"的感觉，自信心受到严重打击和伤害。有些比较敏感的孩子，甚至会产生自尊心遭受伤害的感觉，进而自暴自弃，走上难以挽回的道路。

没有一个孩子会在父母的批评贬低声中对学习和生活产生兴趣，所以，作为孩子的第一任老师，妈妈一定要学会信任和赏识你的孩子，这不仅能为你的孩子带来信心和勇气，而且更会成为孩子成长过程中最温暖和煦的阳光。

孩子的成长方向来自于妈妈的期望

苏联教育家赞可夫说："漂亮的孩子人人喜爱，而喜爱难看的孩子才是真正的爱"。同样的道理，喜欢和欣赏优秀的孩子是每个妈妈都能轻易做到的，但是，所谓的"好孩子"毕竟只有很小一部分，而更多的孩子仍然属于"普通孩子"，甚至是"顽劣的孩子"。对于这部分没有达到妈妈期望的"坏孩子"，反而更需要妈妈的信任、赏识和关爱。我们应该让他们相信，自己并不差，也并不真的是个"坏孩子"，只要肯努力，同样能成为出色的孩子。

在27岁前还未与文学结缘的日本作家佐藤爱子曾在自己的书中回忆

说，自己小时候并不爱好文学，也几乎从不读什么小说，之所以后来对文学产生了兴趣，完全是因为有一次她的父亲看到了她的写作后说了一句"这孩子写的东西不错"。这句话鼓舞了佐藤爱子，同时也成了她的支柱。

可见，有时家长随口说的一句话就有可能改变孩子的一生。作为父母，我们必须意识到这一点，即使你的孩子现在不够优秀，表现也不那么尽如人意，甚至远远未达到你期望的样子，也切记不要随意否定他。相反，多给他一些信任和鼓励，告诉他："妈妈相信你可以做到。""妈妈对你有信心！""你身上也有别人不具备的优点，你同样很出色。"你的信任和鼓励，可以激励孩子，从而使他愿意付出努力，沿着妈妈所期望的方向去成长，去实现一个个目标。

哪怕是小小的进步，也别忘了为孩子鼓掌

周弘是我国著名的教育专家，但你可能不知道，他也是一位普通的父亲，他的女儿婷婷是个双耳失聪的残疾人。然而，周弘用了20多年的时间，将女儿培养成为了一名留美博士和首届海内外《中国妇女》十大时代人物。他所采取的教育方法，就是赏识教育。

我们可以想象，一个失聪的女孩，要学知识、学技能是件多么不容易的事，而周弘在培养孩子的过程中，也倾注了无数的心血和爱，只要看到孩子有一点点的进步，就会及时给予赏识和鼓励，及时为她鼓掌，从而让婷婷觉得自己并不比别人差，甚至比别人更优秀。就是在这种鼓励和引导下，婷婷生活得阳光、乐观，并获得了令人瞩目的成就。而周弘的赏识教育不仅改变了自己孩子的命运，也改变了千千万万个家庭的命运。

从生命科学的角度来说，每个孩子都拥有巨大的潜能，但孩子出生时是非常弱小的，在成长过程中，面对一个个"万能"的成人，也会有自卑情结。在这种情况下，就需要妈妈坚定地站在他的身边，时刻告诉他"你可以做到！""我相信你！""你很棒！""我为你自豪！"当孩子感受到妈妈对他的信任和关注后，内心自卑的痛点就会逐渐消失，取而代之的是自信和不断前行的动力。

　　总之，在孩子成长的过程中，妈妈不仅要爱孩子，而且更要懂得如何爱孩子。其中重要的一点，就是学会信任、欣赏和鼓励你的孩子。哪怕是一个微小进步，也要及时为他鼓掌，这是强化孩子积极行为和进取之心的最好方式。哲学上讲，质变是由量变引起的，日常的细微进步，积累起来便会产生巨大的变化。所以，聪明、智慧、深爱孩子的妈妈们，在看到孩子的进步时，请不要吝惜你的掌声，这将成为你看到孩子更美好未来的一个开始。

第 2 章

**好习惯，使
孩子受益一生**

第一节　请允许孩子"慢点"长大

这个周末,妈妈终于有时间陪豆豆出去玩了。最近妈妈工作很忙,豆豆央求好几次,妈妈都没时间陪她,所以今天妈妈答应陪豆豆出去玩,豆豆别提多开心了!

母女俩来到离家不远的一个小公园溜达,碰巧在公园门口发现了一个捞小鱼的小摊,豆豆很想玩。妈妈付钱后,豆豆高兴地拿着鱼网去捞鱼了,可捞来捞去也没捞到一条小鱼。不过豆豆似乎也不着急,仍用鱼网慢慢地捞着,边捞嘴里还边哼着歌。

一旁的妈妈看到了,走过来一把抓住豆豆的小手,把鱼网伸进水里,一边比划着教豆豆怎么捞一边说:"你要这样捞才行,像你这么捞,三天也捞不上一条鱼!哎呀快点,这个这个……哎呀,你怎么这么慢,看看跑了吧!做什么事都这么慢!"

原本还一脸笑容的豆豆,被妈妈这么一说,笑容很快就消失了,取而代之的是满脸的失落。在妈妈的"帮助"下,两人身边的小桶里很快就有了好几条鱼。不过,这些都是妈妈的功劳。

其实,孩子在意和享受的,不过是有妈妈的陪伴和捞鱼的过程,并不是到底能捞上来几条鱼。哪怕是用小鱼网慢慢地跟着一条小鱼在水里划来划去,孩子也觉得很好玩。可在妈妈眼里却不是这样的,捞鱼就一定要快点捞，一次捞上十条八条那才叫厉害。

这样的想法，很多妈妈都会有吧？不管是在日常的生活中，还是在学习中，妈妈们都希望自己的孩子能早点长大、懂事，做事不用催、不用帮，能像个大人一样，痛痛快快、利利索索地完成，不让妈妈操心。为了能达到这个要求，妈妈们一看到孩子做事慢，就开始不停地催。结果呢？孩子只会紧张、不解，速度却仍然没有变快。

之所以如此，是因为在孩子眼中，他们不太能理解大人一直在急什么。因为只有成年人才会不断地未雨绸缪，计划未来，而孩子不会。因此，当你不断地在孩子身边催促，或给他讲道理，告诉他"做完这个，接下来去做那个"时，只会让孩子感到困惑。

与其如此，我们为什么不能放手，让孩子慢一点长大呢？允许孩子按照他本来的节奏，慢慢学习各种技能，慢慢体会各种感受，慢慢体验失败和成功……而妈妈只需多一些耐心，少一些催促，让孩子慢慢建立起自己的思维意识，养成属于自己的行为习惯。这样的孩子，未来才更容易真正快速地长大。

"慢点"长大的孩子更自律

一位妈妈讲了这样一件事：

一天早晨，我赶着去公司开会，想早点把女儿送到幼儿园。可就在临出门时，女儿非要上厕所，而且 10 分钟了还没结束。

我非常着急，就大吼道："上个厕所怎么这么慢！不知道妈妈着急吗？"

结果，女儿却慢吞吞地回答："你难道不知道小孩子做事就是比大人慢吗？"

因为女儿的这句话，我反而不急了。

后来，我专门做了个小测试，看看在我不催促的情况下，女儿到底有多慢。结果，那天她上学比平时晚了 7 分钟，吃饭比平时慢了 5 分钟，晚上睡觉比平时晚了 15 分钟。加起来也还不到半小时而已，我又何必每天没完没了地催她呢？

后来，我和她一起订立了一份时间表，把每个时间段要做的事安排进去，具体她怎么执行，由她自己决定。结果一段时间发现，虽然她有时做事仍然会慢，但却比以前更自律了。因为知道自己慢，而且我不再提醒她，所以有些事她就会提前动手去做。

台湾著名女作家龙应台在《孩子，你慢慢来》一书中有这样一段话："我，坐在斜阳浅照的台阶上，望着这个眼睛清亮的小孩专心地做一件事。是的，我愿意等上一辈子的时间，让他从从容容地把这个蝴蝶结扎好，用他5岁的手指。孩子，慢慢来，慢慢来……"

这段话其实也是在提醒妈妈们，孩子在成长过程中，原本就是在慢慢地认识这个世界。既然如此，我们何不试着放手，让孩子按照自己的节奏去感受时间、学习技能、养成习惯呢？

不拿自己的孩子跟别人攀比

有首歌叫《我只是个孩子》，歌词是这样的：

隔壁邻居小明，
期末又考了第一。
王大妈的孙女，
钢琴她过了十级。
我爸战友的儿子，
一口流利的英语。
我妈同事的女儿，
有深厚的舞蹈功底。
听到这些消息，
我只能默默不语。
你们的期待，

我都明白在心底。

歌词中的画面，相信不少妈妈都不陌生吧？小时候，我们是不是也常这样被父母说："你看看××家的孩子，再看看你！"那个时候，你一定感到很受伤吧？可现如今，你又怎么能用同样的话,去伤害自己的孩子呢？

在现在这个急功近利的社会，我们每个人都在被时间推赶着前行，因此也生怕自己的孩子被别人落下，于是催着、赶着孩子早点学、快点学。有个朋友家的孩子，刚上幼儿园大班，每周就要上两节英语课、两节舞蹈课、一节绘画课，周末还要去学钢琴等兴趣班，为的是不让孩子输在起跑线上。

可实际上，是我们成人太着急，是我们成人害怕失败，才把各种期望都强加在孩子身上，强迫孩子早点长大、快点成熟。殊不知，许多孩子最终是没输在起跑线上，而是累死在起跑线上了！

著名教育家叶圣陶先生曾说："教育是农业，不是产业。""农业"不能强调速度，而是强调"产出物"，这种"产出物"才是人类最基本也是最重要的需要。

因此，妈妈们不妨放松心态，不要总拿自己的孩子与别人相比。每个孩子都是一个独立的个体，也都有自己的优点和不足，妈妈要做的，就是根据孩子的自身特点，找到教育孩子的最好方法，然后持续、耐心地养育孩子，慢慢等待这棵小苗长大、成熟，开出最绚烂的花朵。

第二节　磨蹭，是孩子成长中的天性

现在，网上有各种家长陪孩子写作业的段子，甚至有专门的文章讨论家长陪孩子写作业的各种心酸。其中有个家长吐槽说，自己的孩子一晚上只做了5道选择题，结果马上引来一大波的回复：

淡定，你还没碰到两个小时一道题没做的呢！
一写作业就上厕所、喝水、肚子不舒服……各种状况，分分钟想揍扁他！
唉，三个小时，写作文，20个字。真想砍人！
要求10分钟内做完15道题，包括写好名字。现在3分钟过去了，他还在写名字呢……

类似的抱怨层出不穷，结果都指向了同一个问题：孩子怎么这么磨蹭？
抱歉，你可能要面对一个无解的难题。因为不论多大年纪的孩子，都会磨蹭，这是人的天性。如果不相信，不妨想想自己小时候，你肯定也因为磨蹭而被父母催促过甚至骂过。
事实上，我们嫌孩子磨蹭、做事慢，总是催促孩子，是因为我们觉得孩子打乱了我们的节奏。早晨催孩子快点起床，是因为我们想赶时间上班；催孩子快点吃饭，是因为我们想收拾碗筷；催孩子快点写作业，是因为我们还有自己的事情要去处理……当我们不断要求孩子"快快快"的时候，其实是在用成年人的节奏打乱孩子的节奏。

磨蹭是每个孩子成长过程中的必经阶段。孩子有自己的成长节奏，对他们来说，感觉最舒适、最有利的，就是顺应自然的生理节奏。也只有当他按照自己的节奏，一点点地感受时间，感受按时做事的规律，才可以真正成长起来。否则，孩子的生活节奏过快，不但不利于生活习惯的培养，还会对身心健康造成损害。

别打乱孩子的成长节奏

每个妈妈都希望自己的孩子能够成长为一个具有良好生活习惯、情商和智商双高的人，其实，如果能尊重孩子的生长节奏，他是完全可以成为这样的人的。可惜，很少有妈妈能如此淡定，看着孩子磨蹭个没完，还能心平气和地与孩子交流。

不过，科学家经过多年研究发现，如果经常催促孩子，打乱孩子的生长规律，容易令孩子成长为两种极端性人格：一种是过分依赖型，一种是嫉妒叛逆型。

就拿写作业这件事来说，如果你见孩子写作业时太磨蹭，就会在一旁对孩子指手画脚，结果导致孩子更加紧张，写作业不但没变快，反而更慢了。最终，你可能就会亲自上阵，手把手教他解题，或直接帮他解出来。结果，孩子仍然不会解题，还会变得越来越依赖你。

还有一类孩子，他写作业时，不管你怎么在一旁催促，他都不紧张，但却会越来越反感，以至于最后破罐子破摔：你不是嫌我慢吗？好，我就慢给你看！结果就是：你越催，他越慢，最终变得无视父母，冷漠自私。现在已有研究证明，孩子的个性较强，越容易在被催促中变得烦躁易怒、缺乏耐心，甚至听不得任何人劝说。这就是叛逆型人格的典型表现。

你一定不希望自己的孩子成为上面两种性格的孩子吧？

孩子与家长，表面看好像一直都在并肩同行，但其实是在完全不同的两条轨道上运行。如果你事事都出面干涉，想拉着孩子"跑快些"，反而容易跟孩子"撞车"，破坏了孩子的成长规律，也破坏了孩子慢慢适应世界的步伐。

所以，妈妈们请不要再为孩子的磨蹭而焦虑不已，更不要每天在孩子耳边"快快快"地催促，就像著名家庭教育专家尹建莉所说的那样："在孩子很小的时候，家长就要培养自己有一种不着急的情绪。所谓的成长，就是陪伴孩子慢慢长大，这是家长自己首先要做的功课。"

善待孩子的磨蹭

有篇很火的文章叫《牵着蜗牛去散步》，其中写道：

上帝给我一个任务，
叫我牵一只蜗牛去散步。
我不能走太快，
蜗牛已经尽力爬，为何每次总是那么一点点？
我催它，我唬它，我责备它，
蜗牛用抱歉的眼光看着我，
彷佛说："人家已经尽力了嘛！"
我拉它，我扯它，甚至想踢它，
蜗牛受了伤，它流着汗，喘着气，往前爬……

教育孩子其实也像"牵着蜗牛散步"，我们总嫌"蜗牛"慢，所以不断催它、赶它，却忘记了"蜗牛"有它自己的节奏，而我们却用自己的节奏去要求"蜗牛"，这到底是谁的错？

当然，父母的初衷是好的，希望孩子凡事能快些，是为了帮助孩子适应这个快速发展的社会，害怕孩子被别人落下、被社会淘汰。但教育是个漫长的过程，如果我们过早地把竞争引入孩子的生活，就会给年幼的孩子施加过多的压力，导致孩子紧张、焦虑、无所适从，甚至出现自卑感和心理失衡。

所以，我们不妨学会善待孩子的磨蹭，尊重孩子本身的成长节奏，允许孩子按照他自己的节奏吃饭、穿衣，用他自己喜欢的方式玩耍、学习。当父母懂得善待孩子，孩子身上也会发生很多相应的改变。要知道，没有什么比让孩子自己去尝试后所获得的经验更宝贵、更有效果了。当孩子的一些正向行为慢慢形成习惯后，他们就不再需要父母的催促，而是自觉地在自己的轨道上运行，就像每颗行星都有自己的轨道一样，外力是无法粗暴干涉的。

比催促更有效的，是妈妈的正向引导

我们总是认为，磨蹭是个大毛病，却没发现，催促是个更大的毛病。教育家蒙台梭利就曾指出：成人总是会潜意识地阻止儿童进行那些缓慢和看似笨拙的活动。原因很简单，我们总是希望别人都能按照我们的节奏来做事。

可孩子与成人是生活在两个完全不同的世界。在成人眼中，每天只有繁重的工作、琐碎的家务，而在孩子眼中，世界是美好的、神秘的，他们每时每刻都想按照自己的方式去探索、去发现。所以，在面对孩子的磨蹭时，妈妈要学会客观分析：孩子究竟是无意的慢，还是有意的拖延？但不管是哪种原因的磨蹭，正确的解决方法只有一种，就是对其进行正向引导，而不是没完没了地催促和斥责。

当孩子想要自己尝试某件事时，妈妈要学会放手，因为这是孩子想要独立的信号。比如他想自己吃饭，自己穿衣服、鞋子，虽然很慢，看起来也很笨拙，但请耐心地等待，因为这是他尝试独立的第一步。如果你因为觉得孩子慢，觉得帮他做完更省力，就剥夺了孩子锻炼和探索的机会。久而久之，孩子就会变得懒惰、依赖，什么事都想让人帮忙，上学写作业自然也就很难主动去完成了。

当然，这也不是说妈妈应该对孩子完全放养，不管不问。当孩子遇到困难，需要帮助时，妈妈还是应该第一时间站出来给予孩子帮助的。不过，这种帮助不是说妈妈一下就把孩子的问题全部解决，而是慢慢引导孩子，或者给孩子做个示范，然后仍然鼓励孩子自己去完成。比如，孩子自己叠被子时，怎么都弄不好，想请妈妈帮忙，那么妈妈就可以给孩子示范几次，再让孩子学着妈妈的样子，最终自己把被子叠好。

而当孩子通过努力获得成功后，妈妈的表扬和鼓励一定不能省略，这样才可以强化孩子的信心和习惯，让孩子更加自信、更加独立。

最后还有一点要注意，不要忽略了孩子的个体差异。我们都希望自己的孩子在行动时能够迅速、有效，但也要考虑到孩子的年龄和个性特点，比如年龄小的孩子做事肯定会比年龄大些的孩子慢。还有些孩子天生就是"慢性子"，只要他做事有规划、不误事，也完全没必要强迫他一定要快。顺应孩子的天性，慢一点，没关系。

第三节　好习惯不是强迫出来的

上海市有一位姓夏的语文老师,他不但写得一手漂亮端庄的字,而且他的板书更堪称艺术品,学生们对他佩服得五体投地。

夏老师的父亲是位中医。在夏老师小时候,有一天,父亲搬来一摞医书,对几个孩子说:"这是我从别人那借来的书,你们帮我抄下来,我有重要的用处。"

夏老师兄弟三人感觉能帮父亲的忙,很开心。就在他们准备动笔抄书时,父亲又说:"抄写医书非比寻常,每个药方都关乎着一个人的性命,所以必须抄得清楚端正,千万不能马虎。你抄得好,我自然有奖励。"

三个孩子听完,神圣感油然而生,于是认认真真、一笔一划地抄起医书来。夏老师是三个孩子中最大的,认识的字也最多,为了给弟弟做榜样,他也抄得最认真。

几个星期后,三个孩子终于把医书抄完了。父亲看着工工整整的抄写本,笑着说:"不错不错,要是你们以后写字也能这么认真,不但能练出一手好字,而且也会成为一个做事认真的人。"

在今天看来,夏老师的父亲实在是一位很会教育孩子的家长。他用一种"润物细无声"的方式,培养了孩子的良好习惯。孩子虽然每天都要抄写大量枯燥的文字,却丝毫没有感受到被强迫教育的痕迹,他们在一种快乐、自豪的心境下，便培养起了一种非常好的习惯。

好习惯对孩子的影响不言而喻。一个孩子的好习惯越多，对成长越有利；相反，一个孩子坏习惯越多，对孩子成长的阻碍就越多。比如，孩子的生活习惯很好，那就不需要妈妈天天在后面催着起床、吃饭、穿衣、收拾屋子，自己主动就能完成。如果你帮他做了，他反而还不习惯了呢。而一个懒散惯了的孩子，妈妈不催，他就不动；催了，可能动一下；外力一停，就又不动了。这样的孩子，你又怎么能指望他某一天忽然就变得自立自强了呢？

不过，要培养孩子养成良好的习惯，光靠催、靠强迫是不行的，因为这是违背了孩子意愿的。也许刚开始有点效果，但长久下来，孩子要么变得更加依赖，要么就变得更加叛逆。

那么，怎样才能在不强迫孩子的情况下，让孩子养成良好的习惯呢？

鼓励孩子自己的事情自己做

在孩子两三岁后，会产生强烈的自我意识，对什么事都要求"自己来"，并拒绝妈妈的帮助。这恰恰就是培养孩子良好习惯的最好时机，所以这时，妈妈不妨变"懒"一点，放手让孩子去进行最简单的尝试：自己洗手、洗脸，自己穿衣服、穿鞋，收拾碗筷，倒垃圾，收拾玩具，等等。

一开始孩子可能做得并不好，有时甚至做得很糟糕，妈妈一定要记住：在孩子没要求帮忙的情况下，即使孩子做得很糟糕，也不要主动动手去帮他，更不要对孩子的做法指手画脚。如果孩子觉得自己总也做不好，需要你帮忙，也不要马上就帮孩子做好，而是要耐心地引导他，为孩子做好示范，教会孩子"自己来"的技能。

不过，有些孩子凡事要自己来，却又经常凭一时兴趣，兴趣一过就不愿意再继续了，这时，妈妈既不要强迫孩子继续做，也不要大包大揽，把之前孩子做的事全揽自己身上，而是应该督促、提醒孩子："该去洗脸了。""该收拾你的玩具了。"如果孩子拖拉着不想自己做，妈妈可以说：

"我知道你很能干的,一定会做好的。""昨天你把玩具收拾得特别整洁,妈妈觉得今天你也一定可以做好。"以此来激励孩子持之以恒,直到养成自己的事情自己做的习惯。

自觉自动成就了孩子,解放了妈妈

莉莉已经二年级了,可做作业非常粗心,还经常出错,为此,妈妈批评过她很多次,都无济于事。

之所以如此,与妈妈对莉莉的教育方式有关。每次写完作业,莉莉就大声叫妈妈:"妈妈,我写完啦!"然后匆忙离开桌子,跑出去玩了。而妈妈呢,要过来帮莉莉收拾桌子,再认真检查一遍作业,发现错误再叫莉莉来改正。而对于妈妈发现的错误,莉莉从不问为什么,想一下,拿起笔就改,结果,改过之后的题目仍然经常出错。一旦妈妈再让她改,她就会不耐烦地嚷道:"这道题到底怎么做呀?"妈妈一边数落着莉莉,一边又把正确答案告诉她。

生活中像莉莉这样的孩子很多,他们什么事都指望妈妈帮忙做。而妈妈又不断抱怨孩子懒惰、不自觉,但其实应该是孩子抱怨妈妈管太多才对。因为妈妈把孩子应该做的事都代劳了,才令孩子养成了不自觉、不主动的习惯。

所以,聪明的妈妈会从孩子很小的时候开始,就注意从生活各个方面培养孩子的独立性,鼓励孩子独立做事、独立思考、独立解决问题,这既有利于孩子良好个性的形成,又能解放妈妈自己,让妈妈无需付出太多的时间和精力,就可培养出成功的孩子。

孩子的潜能需要妈妈正确地引导,而不是一味地施压

湖南卫视曾办过一个节目,叫《少年说》。其中有一期,一个男孩上台后,称自己总被妈妈逼着做家务,不仅要"刷碗、洗菜、擦地",还要"学做饭"。男孩甚至悲愤地说:"有时做完家务,第二天晨跑我都是迷瞪的。"

可惜，男孩的委屈并没能获得妈妈的理解，相反，妈妈还义正言辞地告诉他："男生会做家务更幸福！"还列举了很多让男孩做家务的好处：能促进学习，让孩子懂得感恩，还能锻炼动手能力，等等。听起来蛮有道理的，所以，男孩妈妈的做法也获得了很多妈妈的支持和点赞。

不过，有个细节可能大家没注意到：当台下观众为男孩的妈妈喝彩时，台上的男孩却双拳紧握，似乎在努力控制着自己的情绪，而这种情绪不是认可，不是感激，而是一种愤怒与不堪重负。

这也说明，不论台下的妈妈如何掏心掏肺地讲道理，孩子都是不认可的。对于孩子而言，妈妈说的这些所谓的"好处"，不过是一种强迫。这种强迫会让孩子感觉自己不被尊重和理解，这样，就算妈妈说出做家务的再多好处，孩子也没兴趣听，更别说接受了。

没错，让孩子养成做家务的习惯的确有很多好处，这位妈妈说得也很对，但做法却不见得有效，因为孩子自己不愿意，只不过迫于妈妈的压力，才不得不委屈自己。试想一下，在这种情绪下，孩子怎么能有成就感，能感到快乐呢？

所以，不管你想帮孩子养成什么样的好习惯，都不能逼迫孩子，而应多与孩子商量，多引导孩子，让孩子觉得自己被尊重、有选择权，从而在一个良好的情感体验下，逐渐形成一种习惯。也只有在这种良性循环里，孩子才能够懂得爱与尊重，逐渐懂得责任、学会担当。

第四节　最好的"诺言教育"是身教

"昊昊，到写作业的时间了，把电视关掉吧。"妈妈边做饭，边对在房间里看电视的儿子说道。

可是妈妈等了半天，不但没听到儿子的回应，而且还能听见电视一直在响。出来一看，原来儿子仍在看电视。

"昊昊，你答应我的，只看20分钟，现在时间已经到了，你应该说话算数，关掉电视。"妈妈又强调一遍。

"知道了，我就再看5分钟。"昊昊说着，眼睛一直没离开电视。

"昊昊，咱们俩刚才不是拉钩了吗？你说自己只看20分钟，我们要说到做到。"

"嗯……知道了，妈妈。"昊昊又应了一声，可仍然没有要去关掉电视的意思。

妈妈很生气，走过去直接把电视关掉了，这下昊昊不干了，大声叫道："妈妈，你怎么能随便关我的动画片呢？现在正演到关键时刻，你这样是不对的！"

"昊昊，我们说好的，只看20分钟，但你现在看看时间，都快半小时了！是你先不遵守诺言的，现在还跟我叫！"妈妈也大声斥责昊昊。

结果，昊昊极不情愿地去写作业了，作业写得也不认真。

其实昊昊这样的情况很多，平时就算跟妈妈说好了，只玩半小时游戏，并保证做到，但一到时间就磨蹭着不想结束。妈妈为此也多次批评他，希望他做个信守诺言的人，可每次昊昊都变卦，甚至还跟妈妈闹脾气。

我们都希望孩子能成为一个说到做到、遵守诺言的人，但多数妈妈都有一个共同的感觉，就是让孩子遵守诺言太难了。孩子经常说话不算数，明明说只看一会儿电视，然后就去好好写作业；明明说吃完零食，就马上好好吃饭，可结果他们总是要赖，总有借口不兑现自己的承诺，这让妈妈很伤脑筋。

遵守诺言是一种非常好的习惯，体现了一个人的责任感和基本素养。只有说到做到的人，才能获得别人的信任和尊重。因此，妈妈们对孩子进行"诺言教育"，引导孩子遵守诺言，将来成长为一个诚实守信的人，的确是十分必要的。

但是，孩子不是机器人，你让他什么时候该做什么，他就去做什么。孩子是一个个鲜活的、有血肉、有想法的精灵，要教育、引导他们成为一个信诺的人，妈妈们还真需要掌握点技巧。

不要把你的命令当成是孩子的承诺

在妈妈看来，自己让孩子只看20分钟电视、只吃一点零食，孩子答应了，就是在承诺，因此也要遵守自己的诺言，说到做到。但事实上，这些真的是孩子的诺言吗？是孩子主动说自己只看20分钟电视，还是妈妈要求孩子只能看20分钟电视？这两者是有区别的。

如果是孩子在自愿的情况下说："我只看20分钟电视，然后就去写作业"，那么这是孩子的诺言；如果是妈妈说："你只能看20分钟电视，然后就去写作业。"这是妈妈给孩子下达的"命令"，即使孩子答应了，也不是孩子的诺言，那么孩子就算不遵守，也不是什么过错，他只是不想执行妈妈的"命令"而已，因为这个命令不是他的意愿。如果当时不遵守"命令"，他可能连20分钟的电视都看不成，所以孩子只好接受妈妈的命令，将承诺当成权宜之计。但真到了孩子需要兑现承诺的时候，孩子往往也是不情愿的。因此，这样的"诺言教育"往往会大打折扣，效果也不会多好。

要解决这个难题其实也不难，就是妈妈不要强迫孩子许诺。比如，孩子放学回家后，是先看电视，还是先写作业，都是他自己的事，妈妈可让孩子自己安排，而不必要求他必须先做什么后做什么。把选择权交给孩子，孩子也就没那么容易失信了。

另外，哪怕是孩子主动向妈妈承诺，但最后没能做到，也不是什么严重的事。试想一下，我们大人每次承诺的事，难道都按时完成、一一兑现了吗？孩子也不例外，所以偶尔有"失信"的时候，妈妈也不必大动干戈，指责孩子。孩子其实还是很希望能把事情做好的，只是有时可能对情况预估不足，才出现了"食言"。比如孩子说期末要考入前十名，我们该为孩子想要取得好成绩的心情而高兴，而不必在意最后的结果。这样孩子才不会产生过多的心理压力，从而轻松地面对学习。

当然，这也不是说我们就不在意承诺，只是要让孩子明白：诺言即责任，不能轻易许诺，要根据自己的实际情况来许诺，而且许诺后就要尽量去努力实现，否则就会落下吹牛的名声了。

向孩子许诺，就一定要做到

要对孩子进行成功的教育，家长的榜样作用非常重要。正如列宁夫人克鲁普斯卡娅所说："家庭教育对父母来说，首先是自我教育。"父母是孩子的第一任老师，其一言一行、一举一动，孩子都会去模仿，而孩子最初的行为习惯也都是从父母那里学来的。所以，面对单纯的孩子，妈妈要特别重视榜样对孩子的巨大影响，要时时处处为孩子树立好的榜样，如果自己做不到的事，就不要随便给孩子许诺。

比如，有的妈妈对孩子说："你期末考 100 分，妈妈就带你去迪斯尼乐园。"结果孩子满心欢喜，经过努力，期末也如愿以偿地考了 100 分，结果妈妈却说："妈妈最近工作太忙了，没时间休假，这次去不了了，下次再带你去吧。"结果可想而知,孩子有多么的失望!就算不大哭大闹一场,内心也一定认为妈妈是个言而无信的人。这样一来,以后妈妈再要求孩子遵守诺言,就很难再起到好的效果,还可能引起孩子的反叛心理。

　　所以说,如果妈妈想让孩子成为一个诚信守诺的人,首先必须做好身教,为孩子做好榜样,自己先成为一个诚信守诺的人。一旦给孩子许下什么诺言,就一定要做到。如果因为意外情况不能按时兑现诺言,也要跟孩子解释清楚,获得孩子的谅解,并与孩子再次商定兑现的时间。切忌随便搪塞孩子,还指责孩子不懂事、不听话。

第五节　立规矩，给孩子有界限的爱

"不以规矩，不成方圆。"为人父母，我们对孩子总会有许多期望，但如何在适度地给予孩子自由的前提下，不偏不倚地执行我们的教育原则呢？这应该是很多父母都关注的问题。

在我们身边，甚至包括我们自己，要么是管得太少的父母，要么就是管得太严的父母，要想把握好这个"度"，的确是件很难的事。一些对孩子比较溺爱的父母觉得，孩子每天要学习，承受的压力已经很大了，我们应该给孩子一个快乐的童年，尽可能地满足他的要求，适当放纵一下也没关系，不会给他带来太大影响的。而对孩子比较严厉的父母则认为：管教孩子必须有规矩，现在不严格要求他，他怎么能知道上进？以后怎么在社会上立足？

这两种观点听起来都没毛病，但为什么有那么多孩子，在明知一些事不可为的情况下，仍然违反规则甚至违反法律去涉险呢？

比如，有些孩子上学经常迟到，明知迟到是不对的，可早上偏偏就要拖拖拉拉，非要把时间拖到迟到不可。即便老师三番五次强调，依然我行我素，一副"你能奈我何"的样子。

还有些孩子，与上面孩子的表现恰恰相反，不管面对自己多么感兴趣的事，都"决不越雷池半步"。比如，假期里几个孩子想去游乐场，有的孩子就会说："妈妈不让去，说浪费时间。""妈妈说只有学习才是重要的，其他的都没用。"……结果，孩子可能就拒绝了这次活动。

这并不是说没有一起去游乐场就是错的，只是这体现出来的，是孩子对父母的"唯命是从"，这些孩子觉得：父母说什么，我就做什么；父母说不允许的，不管我自己多想去，也不敢去尝试。

孩子需要在有规则的环境下成长，孩子懂规矩是好事，但在我们的孩子身上，却容易出现以上两种完全截然不同的表现，这是为什么？

原因就在于，有些父母在处理孩子的问题时，不能做到综合考量，而是在"爱孩子"和"给孩子立规矩"之间做起了选择题：爱孩子，就不能给他立规矩；给孩子立规矩，就不能太爱孩子。这种非此即彼的做法，肯定会给孩子的成长造成负面影响。

事实上，立规矩和爱孩子之间本来就是统一的。为孩子立规矩并不会减少对孩子的爱，而是在爱孩子的基础上，帮助孩子学会自律，懂得为人处世的界限，从而对自己的情绪和行为负责，这恰恰是真正的爱。相反，事事顺着孩子，哪怕孩子犯错，也不忍心管教孩子，这不过是打着"爱"的名义的溺爱，只会让孩子在错误的道路上越走越远。就像现在人们常说的那句话：你现在不管孩子，将来自然有人替你狠狠"管"他。试想一下，孩子长大走上社会后，如果再做出一些违反规则甚至违法的事，谁还会再宽容他呢？

所以，有智慧、有远见的父母，会懂得为孩子立规矩的重要性。立规矩也不是不爱孩子，而是给予孩子有界限的爱，帮助孩子养成一些良好的行为习惯，真正健康、快乐地成长。

不过，孩子也知道自由可贵，不愿意被各种规矩约束。那么，妈妈怎样给孩子立规矩，孩子才更容易接受呢？

尊重孩子的天性，对孩子合理期望

现在很多父母都会给孩子报各种各样的辅导班，鼓励孩子学习，可孩子却不领情，动不动就使性子、耍脾气，做事不能坚持，全凭自己喜好，怎能不让人恼火？但如果我们站在孩子的角度思考一下，也许就不那么恼火了。孩子年纪尚小，天性爱动、爱玩、思维活跃，且不能区分什么事情可以随心所欲、什么事情不能，所以偶尔出现使性子、违反规则的情况也属正常，关键在于妈妈如何去引导，不能因为孩子有了抵触情绪、提出反对意见，就斥责、惩罚他。

在一些事情上，如果孩子仅仅表现出不愿意，但仍然坚持了正确的做法，我们就不要再去数落他或惩罚他了。但如果他坚持不按照规矩做，妈妈不妨利用孩子这一做法产生的后果来教育孩子，让孩子从中获得经验，让孩子懂得以后遇到类似的事情时应怎样做出正确的选择。

事实上，给孩子立规矩不是为了遏制孩子的天性，更不是打击他的自信心，相反，规矩是为了鼓励孩子按照正确的做法去做，同时让孩子知道"一意孤行"和"见机行事"之间的区别。这样，孩子才能逐渐学会控制自己的言行和情绪。

给孩子立的规矩要简单清晰

孩子是否有规矩，代表着妈妈的教育是否成功，所以，很多妈妈会给孩子设立一些规矩，让孩子去遵守、执行。但是，孩子能否有效地执行规矩，却与多方面原因有关。尤其在孩子年龄较小时，为孩子立规矩时更应注意，要保证孩子能理解、领悟这些规矩，就要让规矩简单清晰，传递出的"信号"也要明确，这样孩子才更容易接受。

比如，在给孩子立的规矩中，有一项是保持房间的整洁。如果你直接写"保持房间的整洁"，年幼的孩子可能就不知该如何履行，他会想"整洁"是什么意思。由于不明白，自然也无法很好地执行这样的规矩。但如果你这样告诉孩子："你需要自己叠被子，自己铺好床单，把地面打扫干净，把玩具收拾到玩具箱。"孩子就知道该怎样保持房间的整洁了，也知道自己该怎么做。这样立规矩，孩子不但乐于接受，也更容易遵守规矩，执行到位。

执行规矩时，表扬和批评都不能少

之所以给孩子立规矩，是为了纠正孩子身上某些错误或不良的习惯。而在执行规矩时，孩子的表现也会有好有坏，这就需要妈妈给予及时的引导和纠正，有时还需要恰当的表扬和批评，以强化孩子好的方面，或纠正孩子执行规矩时不到位的情况。

比如，你和孩子约定，每天晚上睡觉前，孩子要收拾好自己的玩具。刚开始的几天，孩子很遵守规矩，每天上床前都把玩具归位，妈妈看了，就要及时表扬孩子："真不错，你每天都主动把玩具收好，让玩具都回到了自己的家。"注意，表扬一定要真诚、具体，不要用"你真棒""你是个好孩子"等笼统的话语，让孩子感觉妈妈在敷衍自己。

然而有一天晚上，孩子闹情绪，怎么都不肯收玩具。妈妈多说了几句，孩子竟然不搭理妈妈，自顾自地坐到一边看电视去了，任由玩具扔得满地都是。这时，为了更好地执行规矩，帮孩子养成习惯，妈妈可能就要适当批评一下孩子了。需要注意的是，批评孩子和表扬孩子一样，都要让批评的内容具体，语言简短。如你可以用严厉的目光看着孩子，言简意赅地告诉他："我们约好的，每天晚上你要自己收拾玩具，现在你怎么能违反约定呢？每个人约定好的事情都要说到做到。妈妈觉得你违反约定的行为是不对的，你应该每天把它们都收好，送回家。"几句话，既说清了规矩的内容，又说明了遵守规则的必要性，同时又表达了自己的态度，让孩子能够理解。

如果孩子仍然不肯收拾，那么妈妈可以采取适当的惩罚措施，比如把这些玩具收起来，多长时间内不允许孩子再玩，以此作为他违反规则的惩罚。同时也是让孩子明白，任何人都是需要遵守规则的，否则就会被批评，还要受到一定的惩罚。

总之，爱孩子是父母的本能。给孩子立规矩，帮助孩子养成好的习惯，让孩子成长为一个未来可以独当一面的人，更是父母的责任。爱与规矩的统一，才能成就孩子的未来。

第 3 章

会学习，让孩子拥有持续竞争力

第一节　孩子说不再喜欢，兴趣班要不要继续

菲菲从小就喜欢音乐，5岁的时候自己跟妈妈提出想学钢琴，妈妈二话没说，不但给菲菲购置了一台价值不菲的钢琴，还报了一个钢琴班。

刚开始，菲菲还蛮有兴趣的，每天按时练琴，去上课时也很开心，可没过多久，就嚷嚷着不要再练了，说不喜欢了。妈妈很生气："明明是你自己说喜欢钢琴的，要去学，这才多久，你就说不喜欢了？你知不知道我投入了多少钱和精力？每天都陪你练琴，你不但没别的孩子弹得好，还动不动就不喜欢想放弃，是想气死我吗？"

其实很多妈妈都面临过这个困惑，给孩子报了兴趣班，结果刚上几节课，孩子就对它失去了兴趣，这时，到底还要不要强迫孩子继续去上兴趣班？

要回答这个问题，妈妈们首先要明确兴趣班的定位和你为孩子报兴趣班的目的。这个兴趣班到底是孩子真正喜欢的，还是父母喜欢的？不能看到隔壁家的孩子弹钢琴获得国际比赛大奖了，你也让自己的孩子去学，更不要奉行"谁开始学习时不苦"的态度。也就是说，兴趣班的前提首先必须是孩子真正感兴趣的，而不是父母感兴趣的。

但是，孩子年纪小，对很多事都是一时热度：看到邻居家小姐姐跳舞，穿着漂亮的裙子，自己也想穿，于是就说喜欢跳舞。可没几天，因为训练

刻苦，就喊着"不跳了""不喜欢了"，这不是真的感兴趣。看到班里的同学画画超级棒，自己也想画出好看的画，就嚷嚷着要学画画，结果学了没几天，嫌累了，又不想学了。这也不是真的感兴趣，只能说是一时兴起。

所以，妈妈打算给孩子报兴趣班的话，首先应多观察孩子，看看孩子到底对什么兴趣大一些，孩子的天赋是什么，然后再考虑是否去报相关的兴趣班，从而挖掘和提升孩子的能力。

即使孩子真正感兴趣的课程，学起来也不见得就一帆风顺，也会有遇到困难想要退缩的时候。其实不光是孩子，我们大人有时遇到困难时，都想要放弃，何况是孩子。所以，一旦孩子出现了想要放弃的苗头，妈妈可以这样做：

陪孩子一起面对困难，给予孩子鼓励，帮孩子减压

在学习一种新知识时，孩子遇到困难是难免的，克服不了时，就会产生厌烦和退缩的心理，想要放弃。这时，妈妈不要指责孩子，更不能轻易给孩子贴上"笨""不能吃苦"等标签，而要主动帮助孩子灭掉负面情绪的小火苗。可以问问孩子："你觉得哪里遇到了困难？说给妈妈听听。""如果需要我帮忙，我会努力帮助你的。"

特别注意的是，一定要允许孩子把情绪发泄出来，哪怕哭泣也没关系。发泄后，妈妈再与孩子一起寻找解决困难的办法。

比如，有的孩子在老师上课时听不懂，或不习惯某位老师的授课方式，妈妈就可以与老师沟通一下，问问孩子在班上的表现，并与老师交换一下意见，寻找更适合孩子学习的方法。绝大多数老师都是希望每个孩子都能学好的，因此也乐意与家长沟通配合，以达到最好的教育效果。

同时，妈妈也要多鼓励孩子，引导孩子回忆一下刚刚学习时的热情和兴趣，多对孩子说："你又有进步了！""不错，你比昨天更熟练些了，加油！"不要动不动就拿孩子跟别人攀比，因为这样让孩子更有心理压力，进而对所学的课程产生抵触心理。

总之，要想让孩子真正学进去，需要妈妈多鼓励，多帮孩子减压，而不是不断给孩子增加压力。坚持一段时间后，孩子可以在学习中感受到成就感，自然也就有继续学习的兴趣和动力。

不要给孩子过大的压力，减少功利性

有些妈妈给孩子报兴趣班，总是带着一定的功利性，比如，想让孩子掌握某项技能，将来考学时能加分；希望孩子将来获大奖，成为艺术家；想让孩子实现自己年轻时没能实现的梦想，等等。不是说这些目的不对，而是带着这样的功利性为孩子选兴趣班，就会忽略掉孩子的真正兴趣。

所谓兴趣班，自然是以孩子真正感兴趣为前提，孩子能在学习过程中感受到快乐，收获到自己想要的知识，进而提升某种能力，这才应该是为孩子报兴趣班的初心。如果一开始就抱着功利性的目的，那么在孩子的学习过程中，妈妈也势必会给孩子很大的压力，比如，要求孩子必须比其他孩子学得好，要求孩子去参加某些比赛，还一定要获奖，甚至期许孩子成为下一个像郎朗一样的"艺术大师"。原本是件感兴趣的事，却被妈妈加载了太多的压力和功利性目的，孩子又怎么能体会到学习的乐趣，感知到那个奇妙的世界呢？

如果孩子实在没兴趣，放弃也无妨

父母都希望自己的孩子能琴棋书画样样精通，而孩子可能有时是一时兴起，跟妈妈提出要去学画画、学舞蹈，可学了一段时间后就没兴趣了。这时，妈妈应该明白，术业有专攻，样样都精通是不太可能行得通的。孩子到底对什么感兴趣，我们也要仔细分辨。有时，孩子可能只是暂时遇到了困难，又不能很好地表达出来，只好用"不想学了""不喜欢了"来作为借口和理由，但其实只是暂时失去了学习的动力，需要妈妈的引导和鼓励。

所以，如果孩子表现出对兴趣班的厌倦后，妈妈不妨多观察孩子，弄清他厌倦的原因。如果通过恰当的引导，让孩子重新喜欢上兴趣课，自然不错；如果孩子真的对这个兴趣班失去了兴趣，妈妈也不必强迫，允许孩子放弃也未尝不可。

　　妈妈要理解，对于孩子不感兴趣的事，却一定要孩子去坚持，对他来说不仅不是一种享受，反而是一种痛苦。在这种境况下，孩子也不太可能真正学到东西，只会对学习越来越厌烦。暂时放弃这个兴趣班，放弃的只是孩子不感兴趣的事物，并不是放弃对孩子其他兴趣的培养，更不是放弃了对孩子的认可。毕竟，我们更应该在意的是孩子的真正兴趣，而不是孩子是否要把每个兴趣班都上完。

第二节　制订学习计划，让孩子远离"杂乱无章"

俗话说："凡事预则立，不预则废。"学习同样如此。一个人在学习时有计划、有目标，就可以对整个学习过程的目的、内容、方法、时间安排等做到心中有数，从而排除外界干扰，远离"杂乱无章"，将学习变成一件有条不紊的事来高效完成。

德国人非常注重做事的计划性。在教育孩子方面，他们也十分注意引导孩子做事要讲究计划。比如，一个孩子对妈妈说："妈妈，我周末想去郊游。"他的妈妈不会直接回答"好"或"不好"，而是会问孩子："你的郊游计划呢？你跟谁一起去？想去什么地方？怎么去？需要带什么东西？"如果孩子说："对不起妈妈，我还没想好。"妈妈就会接着说："没想好的事情就先不要说。如果想去，就必须有计划。"所以德国人不管做事还是学习，一向都以严谨著称，而且做事或学习之前通常也都会有详细周密的计划。

可是，我们身边的许多孩子在学习时往往会很盲目，没有计划、没有目标，经常凭借自己的兴趣和心情学习。兴趣浓、心情好时，就多学点；否则就把书本扔到一边不理不睬，结果导致成绩并不理想。虽然妈妈也经常耳提面命地教育孩子，可孩子对妈妈的督促常常是左耳进右耳出，很难按照妈妈的期望去学习。

其实，这就是因为孩子缺少一个科学的学习计划，致使学习毫无条理、毫无规划。针对这种情况，妈妈应根据孩子的实际情况，协助孩子制订一个科学合理的学习计划，并监督孩子认真实施，这样才能帮孩子养成守时、有序、高效的学习习惯。

在与孩子制订他的学习计划时，妈妈应注意以下几点：

学习计划应根据孩子的学习状况来制订

三年级的婉婉最近学习毫无规划，作业也经常完不成。妈妈听说制订学习计划对孩子学习有好处，就帮婉婉制订了一份：早晨背英语，中午预习语文，晚上放学写作业，睡前练习写字……

看起来计划挺好，但有个大问题，就是没有事先了解孩子的学习状况、学习习惯等。妈妈不知道，婉婉最喜欢的学科是数学，而且喜欢在早晨做数学题，只有到晚上才去背她不太喜欢的英语单词，而现在的计划完全打乱了孩子原先的学习习惯，使孩子根本难以适应。再者，计划也不够具体和详细，没有规定具体的时间及具体的任务，这样是很难发挥作用的。

因此，在为孩子制订学习计划时，妈妈一定要先了解一下孩子的学习情况，不要随意更改孩子已经形成的学习习惯。而且，学习计划还应具体、可行，保证每个环节、每个步骤的有效性，最好能对具体目标进行分解。

比如，早饭前要背10个英语单词；上课前要阅读完两篇文章；晚饭后1小时内完成作业；等等。如果孩子现在的学习成绩平均为70分，也不能一下把学习目标确定在90分、100分，而应根据孩子的实际情况，阶梯性地设置，如70分、75分……90分，这样才能让孩子持续地体验到学习的乐趣和成功的快乐，从而不断追求进步，一步步接近目标。

此外，在制订学习计划时，妈妈也不要只看到学习而忽略了孩子的其他活动。简单地说，在孩子一天的作息表中，既要有学习、上课的时间，也要包括吃饭、睡觉、课外活动的时间。一天的活动多样化，各种活动协调进行，孩子才能在学习时做到专心致志。

监督孩子严格执行学习计划

学习计划制订好后，接下来就要让孩子执行了。在这个过程中，妈妈的监督和引导极其重要，因为孩子年纪小，很容易对学习计划失去新鲜感，千方百计地想要逃脱。这时，妈妈就要与孩子共同面对问题，引导孩子将学习计划坚持到底。唯有这样，这份计划才能实现它真正的价值。

比如，妈妈可以设立一定的奖惩措施，如果孩子每天都很好地执行了学习计划，就奖励一朵小红花。当小红花累计到一定数量，可以允许孩子用小红花换取一样自己喜欢的物品，如一本书、一个心仪的玩具或者一次出游活动的机会等。要让孩子知道，只有认真执行学习计划，不仅能完成学习任务，还会有一定的奖励，从而增强孩子的学习积极性。

当然，如果孩子没有很好地执行当天的计划，也可以适当给予惩罚，如减少小红花的数量，这样，孩子就必须继续执行计划，才能再把小红花赚回来，否则，自己心仪的奖励就没有了。

妈妈也可根据孩子的实际情况，采取其他方法来监督孩子，帮助孩子把计划执行下去。不过，前提是不能强迫孩子，一定要在尊重孩子意愿的基础上执行，否则，如果孩子产生了厌烦情绪，就更不利于计划的顺利进行了。

抓住点滴进步，多为孩子加油打气

想让孩子坚持执行计划，就要多给他正面的、积极的肯定。有的妈妈说："我也想夸孩子呀，可我家孩子根本没什么可夸的，全是缺点。"

事实上，不管孩子平时的学习成绩多糟糕，学习规划多么"杂乱无章"，他仍然有值得夸赞的地方。如果妈妈能看到这些小细节，及时鼓励、表扬孩子，就会强化孩子的正面行为，让孩子朝着我们期望的方向发展。

比如，你为孩子制订了学习计划，可孩子第一天就没能完成，作业没按时写完，单词没按时背熟等，这些问题一定会让你很恼火。但是，请暂且忽略孩子那些让你崩溃的行为，找一找他今天表现好的地方，然后及时鼓励他，给孩子打打气。比如：

"你今天按计划预习了语文课文，表现不错哦！"

"你提前2分钟完成了复习，进步很大呀！"

"你今天的字写得很工整，妈妈希望你以后每天都能保持。"

"今天的数学作业中，你的解题步骤写得十分详细。"

这些虽然都是小进步，但相对于昨天仍然是在进步。只要孩子有进步，就证明学习计划是有效的，妈妈要及时肯定他的进步，让孩子看到自己努力的结果。妈妈也可以和孩子讨论交流，问问他是怎么做到的，这么做时有什么感受……总之，哪怕是一点点的进步，妈妈也要及时抓住，给予强化和鼓励，这样才能使孩子学习的自觉性和积极性不断增强，从而愿意更加严格地执行学习计划，使学习不断进步。

第三节　培养阅读习惯，任何时候都不晚

阅读是一个被大家公认的好习惯，可以增长知识，提高学习能力、逻辑思维能力等。因此，引导孩子养成阅读的习惯，自然也成了很多妈妈想方设法要做的事情。

不过，有一位妈妈却说出了自己的担忧：

女儿刚出生时，家里居住面积小，东西又多，我跟先生平时又很忙，所以几乎没给她买过什么书，给她讲故事的时间更是少得可怜。现在女儿5岁了，对什么书都没兴趣，买了一些故事书给她讲故事，也是兴趣索然，听不了一会儿就离开了，说"没意思""不如看动画片"。我很后悔，怪自己没有早点教她看书，现在再培养她读书的习惯是不是太晚了？

这位妈妈的担忧可以理解，不论原来是否注重培养孩子的阅读习惯，至少现在知道阅读对于孩子来说是很重要的。但这位妈妈可以放心的是，培养孩子的阅读习惯，任何时候都不晚，只不过不同年龄段的孩子，在阅读习惯的培养上所需要的方法不同而已。

对于3岁前的孩子来说，要养成阅读习惯，关键在于妈妈要选对书籍。孩子小，不认识字，所以纯文字的书对他们的吸引力不大，所以妈妈在选书时，不要选一些文字多的书，最好选一些画面色彩丰富、内容简单有趣的绘本，在给孩子讲时，孩子也容易理解和接受。

3岁后，孩子的理解能力逐渐增强，这时妈妈可选一些文字稍多点的绘本给孩子讲，也可以在讲过几遍后，鼓励孩子看着图片给妈妈讲一讲。在这个过程中，即使孩子讲得不全，或有些与书中内容不符也没关系，应该多给予孩子认可和鼓励，这样才能激发他的阅读热情，让孩子体会到阅读的快乐。

等孩子能认识一些字后，我们可以鼓励孩子自己进行阅读。当然，让孩子自己阅读并不等于妈妈就可以撒手不管。孩子要养成阅读习惯，并不是一蹴而就的事，既需要妈妈的正确的引导，也需要妈妈帮助孩子不断地巩固。所以，妈妈还要在以下几方面多多努力：

妈妈请放下手机，拿起书本，做好身教

每个孩子都具有超强的模仿力，妈妈的行为习惯无形之中都会成为孩子模仿的对象。要想让孩子爱上阅读，妈妈首先要爱上阅读，在陪伴孩子的时候，放下手机，拿起书本，给孩子做个好榜样。如果孩子看到妈妈读书读得津津有味，心里就会想：这书中到底有什么好玩的东西呢，妈妈会这么认真？于是也会模仿妈妈的样子，找本书来看。

同时，妈妈还要每天为孩子读书、讲故事，当孩子发现书中原来有这么多有趣的故事时，自然也会想要读更多的书。给孩子讲故事这个阶段非常重要，多年的研究显示：一个孩子听父母讲故事的时间长短，与他数年后的阅读水平有着很大的关系。而且当你在给孩子读故事的过程中，也能让孩子了解到更多的词汇，并能逐渐提高他的理解力、想象力和专注力。慢慢地，我们就可以延长故事内容，为孩子读更复杂一些的故事，如此一来，孩子的阅读习惯也会在这个过程中逐渐培养起来。

阅读不要急功近利，静待花开就可以

有的妈妈也很注重孩子的阅读，但总是过度关注效果。比如，看到孩子读完一本书后，立刻要求孩子写"读后感"，否则就认为孩子书白读了。

不要把阅读变得这么功利化，何况阅读并不会在短期内看出什么明显效果来。不要认为陪孩子读的书多，孩子认识的字就一定多；也不要认为孩子读完几本书后，就一定能写出行云流水般的作文来。大量阅读的效果一般要在初高中后才能体现出一定的效果，比如孩子具有较好的写作能力、逻辑思维较强、表达能力不错等，这些都是孩子长期的阅读所积累起来的技能。

所以，妈妈们不妨放平心态，要相信：只要耐心地引导孩子坚持阅读，总有一天会开出美丽的花朵。

阅读不怕晚，就怕不坚持

阅读在任何时候开始都可以，一些妈妈觉得自己在孩子小时候没能好好陪伴孩子阅读，担心现在晚了，孩子不能养成阅读习惯。其实并非如此，任何一个好习惯，不管什么时候培养都不晚。

不过，阅读习惯的养成不是一蹴而就的事，必须要坚持，才能有效，"三天打鱼，两天晒网"是不可取的。有的妈妈觉得自己平时忙，没时间陪孩子看书，其实很多时候我们都能挤出时间陪孩子读书。比如在和孩子一起坐公交车时，就可随身带一本书，在车上和孩子一起读。或者带孩子外出吃饭时，也可带上一本书，在等待上菜的时间里，让孩子随手翻翻看。家里也可以专门为孩子准备出一块看书的空间，里面放上各种书籍，孩子学习或游戏的间隙，都可以去翻阅一下。

总之，只要妈妈掌握了相应的方法，并愿意耐心引导孩子，每个孩子都能爱上阅读。

第四节　提高专注力，妈妈可以这样做

9岁的萌萌是个活泼可爱的小女孩，可却有个毛病，就是专注力差。每次学习时，即使手里拿着笔，也经常做些与学习无关的事儿：抠抠指甲、转转铅笔、在草纸上画个小花，要不就起身在屋里转一圈，吃点零食，喝点酸奶……每次学习都要拖拉到很晚。妈妈为此颇为头疼，多次摆事实、讲道理，甚至也斥责过，可萌萌就是改不了。

相信不少妈妈都会像萌萌妈妈这样，因为孩子专注力差而苦恼，甚至认为自己的孩子天生就这样：多动，做事没耐心，专注力差。

虽然有些孩子的专注力的确不怎么好，但却不像一些妈妈说的那样，是天生的。回想一下，当我们的孩子还是个小婴儿时，他们对吃奶保持着巨大的热情和专注。再大一些时，一个简单的玩具放在他们手中，他们都能专注地玩上十几分钟。这说明，孩子对他们感兴趣的事，总是能全身心地投入。可为什么长大一些后，专注力就变得越来越差了呢？究其原因，是由于孩子在成长过程中缺乏自主学习和自我成长的机会，受到了过多的干扰所致。

比如，在孩子很小的时候，可能一卷手纸都能撕上半天，可家长一看到孩子坐在那撕手纸，觉得孩子的做法很无聊，又弄得房间里到处都是碎纸，于是就过来打断他的活动："宝宝，咱不撕纸了，看弄的多脏，妈妈

陪你玩玩具吧。"孩子原本正专注地沉浸在自己的"工作"和"探索"之中，却忽然被妈妈打断了，那么专注力肯定就受到了影响。久而久之，孩子的专注力就会越来越差，做事也经常没了耐心。

这样的孩子长大后，不但妈妈会因为他专注力差而烦恼，就连他自己，都会因为无法集中精力学习和做事而烦恼。所以，妈妈要从小保护孩子的专注力，如果发现孩子专注力较差，要及时纠正，耐心引导。

慢养孩子，给孩子多一些耐心

成长本身就是个缓慢的过程。每个孩子都有属于他自己的成长节奏，妈妈要做的，就是尽可能地尊重孩子的成长节奏，放慢脚步，对孩子少一些催促，多一些耐心，并适时地给予孩子恰当的引导，相信孩子的专注力会一点点建立起来。

比如，有位妈妈就讲了自己培养孩子专注力时的一件事：

有一次，上小学的孩子从学校回来后，说科学老师留了作业，是一个小实验，要求孩子做这个小实验，然后把实验结果写到作业本上。孩子开始倒是兴致勃勃的，可实验开始后，捣鼓了半天也做不好，于是就有点沮丧，想要放弃了。

我观察了他一会儿，发现他的注意力已经越来越远离实验了，就跟他说："你知道吗？我听过一个秘密，说有的数字是有魔力的，比如6，比如8。所以，这个实验等你做到第6次、第8次的时候，魔力可能就会发挥作用，实验就会成功。你要不要试试？"

"啊？还有这样的说法？是真的吗？"孩子好奇地问。

"我也不确定哦！不过，你可以试一试，也许是真的呢！"我说。

孩子觉得很好玩，就真的一遍遍地试了。熟能生巧，尝试的次数多了，自然就成功了。

这位妈妈的做法真的值得称赞，她没有直接告诉孩子该怎么做，也没有指责孩子没耐心，而是用一个"小秘密"调动起孩子的好奇心，让孩子主动集中注意力去尝试。在不断尝试和探索的过程中，试验终于获得了成功。而在这个尝试的过程中，孩子的专注力就会全部集中在这件事上，不知不觉中，专注力就提高了。

所以，有时孩子看起来似乎漫不经心，不能专注地学习、做事，但其实他可能正在练习用自己的方法解决问题。这时妈妈要做的，就是给孩子一些时间，或者引导一下孩子，毕竟，专注力的提升不能一蹴而就，而是一个循序渐进的过程。

从孩子喜欢的事开始，训练孩子的专注力

每个孩子都有自己喜欢的事，如读故事、玩拼图、搭积木等，要提升孩子的专注力，妈妈可以从孩子喜欢的事上开始，有意识地引导孩子，逐渐延长孩子专注于某件事的时间。

比如，有些孩子在搭积木时，经常搭到一半，就跑到一边玩别的去了。这时，妈妈就要想办法把孩子的专注力拉回到积木上，让孩子能在一项活动中多集中一些注意力。

孩子如果已经跑到一边，完全不再理会积木的事情了，妈妈可以过来，假装用夸张的口吻说："啊，这是谁搭的高楼，怎么连顶都没有啊！这样的高楼怎么能住人呢？一下雨，雨水不都落到人家家里了吗？"

孩子一听妈妈的话，立刻就会把注意力重新放回到积木上，看看自己搭的楼是不是真的像妈妈说的那样，没有顶，不能住人。这时，妈妈可以再引导孩子："你是不是应该把楼顶搭好啊，这样才能住人！不然，下雨天没人敢住，你的楼不就白搭了吗？"

孩子一想：妈妈说得对，我得把楼搭好才行。于是，就会继续回来搭积木了。

等孩子搭好后，妈妈别忘了夸奖一下孩子和他的"作品"："哇，这个楼真高啊！楼顶都搭好了，看来住在里面的小朋友再也不怕下雨了。""你今天真棒，能自己坚持把'楼'搭完，真是个能干的'小工人'！"

妈妈要知道，训练孩子的专注力，不是强迫孩子必须专注于某件事多长时间。只有用喜欢的事慢慢引导孩子，根据孩子的实际状况来训练，才能逐渐提高孩子的专注力。

一分钟专项训练，让孩子更专注

美国语言学教授斯特纳夫人，经常和女儿玩一个名叫"留神看"的游戏。每次母女二人在街上行走时，路过一个商店后，斯特纳夫人就会让女儿说出商店橱窗里面陈列的物品，说对的越多，得分越高。游戏虽然简单，却很好地锻炼了她女儿的专注力。因为女孩想要说出更多的物品，路过一个商店时，就必须非常认真地观察、记忆。

妈妈也可以和孩子玩这个游戏，也可以自己改变一下规则，比如让孩子在规定时间内说出某些内容，或记忆某些数字等，以此来锻炼孩子的注意力。

有个训练叫"一分钟专项训练"，妈妈们不妨试试。根据孩子的年龄段，为孩子准备一些汉字、单词或难度不同的计算题，然后为孩子规定一分钟的时限，让孩子照着字卡写汉字、单词，或者答题，看看孩子在一分钟内能完成多少。

这个玩法虽然看起来简单，但是实施起来对孩子来说还是有一定难度的。孩子要想在一分钟内写出多个汉字或单词，或者答对更多的题，就要全身心地集中注意力才行。

妈妈也可以和孩子进行游戏比赛，当然一开始要让一让孩子，以此激发孩子的自信心。孩子想要赢，就会更认真地书写、计算。在一分钟内写出的单词或汉字越多、计算得越准确，说明孩子的注意力就越集中。

第五节 做题粗心，也许不全是孩子的错

有一位妈妈诉苦说："我儿子啊，简直就是小马虎转世！每次一写作业，不是小数点点错位置了，就是把'÷'看成'+'了，要不就是单词中丢字母了，生字中丢笔画了！总之，他写的作业，数学题没有写完整的，汉字、单词没有写全的！写作业粗心马虎，出了错，我还能提醒提醒他，可到考试时也这样，本来会做的题，却因为粗心马虎白白丢分，这会多冤枉啊！说他多少次了，要细心、细心，可都是左耳听右耳出，想起来我就恼火！"

孩子平时做题粗心马虎，错误百出，的确让妈妈着急。在学习上不够细心的孩子，不但不能在考试中发挥出自己的真实水平，而且还会大大挫伤学习积极性，甚至就此认为自己就是能力差，进而失去上进心，自暴自弃。

有些妈妈觉得，孩子做题粗心，经常出错，就是学习态度的问题，因此经常批评孩子："你怎么这么粗心，这么大的字母能看错吗？""你就是学习不认真，也不知道脑子里天天想些什么！"

其实，孩子做题时粗心犯错并不完全是学习态度的问题，还可能与孩子的生理发育状况有关。人在生长发育过程中，大脑的质量是随着年龄不断变化的，即年龄越大，脑质量越大。一个孩子到了12岁，他的大脑质量才相当于成年人的脑质量。我们这些大脑已完全发育成熟的成年人有时都会粗心犯错，何况一个几岁、十几岁的孩子呢！也就是说，孩子在成长

过程中，他的大脑是逐渐成熟的，故而大脑所支配的各种能力，如记忆力、专注力、观察力、思维能力等，也都不够稳定，所以才会令他们在学习过程中时常状况百出，粗心犯错就是其中的一个状况。

既然这样，我们是不是就可以不理会，等到孩子的大脑发育完全了，粗心马虎的毛病就会随之消失了呢？

并非如此。如果孩子只是偶尔一两次粗心马虎，妈妈适当提醒一下，可能下次孩子就会改正了；但有些孩子经常马马虎虎，不但学习上容易出错，平时做事也总是丢三落四的，不是出门把钥匙锁家里了，就是回到家发现作业本落学校了……如果是这种情况，妈妈就要注意了，因为这些表现暗示孩子已经形成了粗心马虎的习惯，若不及时纠正，不仅不利于学习，对日后的工作和生活也会带来不良的影响。

找到孩子出错的原因，及时帮孩子纠正

要想解决孩子学习总是粗心犯错的问题，妈妈首先要弄清孩子犯错的原因是什么。

正在上小学三年级的女孩雯雯，虽然名字很文静，却是个典型的急性子，说话做事总是匆匆忙忙的，就连写作业也不例外。妈妈发现，每次雯雯写作业时，总是打开课本匆匆瞄两眼，就开始动笔往作业本上写。作业倒是很快完成了，可妈妈一检查，不是少写了一道题，就是把题意理解错了，几乎每次作业都出错。妈妈一问，雯雯就伸伸舌头："呀，没看清。""哦，这个忘记写了。"妈妈也多次提醒雯雯："你得仔细点，不能老出错！"而雯雯总是回答："我就是偶尔有点粗心而已，不是故意错的，这些题我都会做。"

这种性格急躁的孩子，就比较容易在学习中出错。对于这种情况，妈妈只提醒孩子"仔细点"是不够的，关键是要提高孩子的耐心，要求把题目看完后再动笔写。也可让孩子在动笔前将题目准确地读出来，然后让他说说题目要求是什么？他的解题思路是什么？逐渐引导孩子思考，等他再动笔写时，就不会出那么多错误了。

还有些孩子是因为专注力较差，做题时总是一心二用，手里写着作业，脑袋里却总是想着别的事，注意力自然无法集中到作业上，导致粗心出错。为避免孩子学习时一心二用，妈妈可在孩子学习前与孩子聊聊天，问问孩子今天还有没有其他要做的事。如果这些事不是很着急，就与孩子商量下，让孩子先学习，再去做这些事。也可与孩子一起列个时间表，把重要的事安排在孩子精神状态好的时候去做，比如写作业。这样注重轻重缓急，孩子心里有数，知道自己先干什么后干什么，做题时就可能不再因为一直惦记其他事而一心二用、错误百出了。

排除影响孩子专心细心的外界干扰

孩子在专心致志地学习时，一旦受到外界的干扰，注意力立刻就会从学习上离开，进而被其他事情吸引。这时，你再让他去学习，孩子的注意力就很难再集中，做题就可能会粗心出错。有些妈妈一看到孩子学习，就觉得孩子很辛苦，一会儿进来送杯牛奶，一会儿进来送点水果，一会儿又进来嘘寒问暖，生怕孩子有一点不舒服；有的妈妈坐在一旁陪孩子学习时，也会不停地打断孩子，一会儿说孩子坐姿不对，一会儿说孩子的字写得太潦草，一会儿责备孩子东张西望……结果，原本是在很认真、专心学习的孩子，这样不断被干扰，也很难再做到专注学习了，甚至因此而感到紧张、不安，不该出错的地方都可能错误不断。

为避免这种情况发生，在孩子学习时，妈妈要尽可能地为孩子营造一个安静、舒适的环境，而妈妈自己也要注意，不要在孩子学习时轻易去打扰孩子。可以坐下来安静地看看书，或陪伴孩子一起学习，以此来排除外界干扰，让孩子能够集中精力学习。

总而言之，粗心对于孩子的学习是有百害而无一利的，但要纠正这一问题，妈妈也要掌握切实可行的方法，尽早将孩子做题粗心的坏习惯扼杀于萌芽之中。只有这样，孩子学习时才能专心、细心，做题也会少出错。

第六节　保护孩子的探索和求知欲

"妈妈，我是从哪里来的？"

"你是妈妈生的。"

"那妈妈是从哪里来的？"

"妈妈是妈妈的妈妈生的。"

"那妈妈的妈妈……"

经常陪伴孩子的妈妈，应该会经常被孩子一些奇奇怪怪的问题问得不知如何回答吧？有时甚至会感到厌烦。事实上，孩子有这么多问题，不过是因为他们对大千世界充满了好奇，渴望通过自己去探索世界。而妈妈是他们最亲的人，所以他们弄不懂的问题，就会向妈妈求助。

面对五彩缤纷的世界，孩子都是充满好奇的。从对世界的一无所知到逐步认识，探索和求知就是孩子认识世界的开始。就像教育家苏霍姆林斯基所说的那样："在儿童的心灵深处，都有一种根深蒂固的需要，就是希望自己是一个发现者、探索者和成功者。"在我们大人眼中看起来平淡无奇的事物，在孩子看来却是神奇而不可思议的。因此，他们也会经常提出很多个"为什么"，比如：天上为什么有云朵？飞机为什么不会掉下来？月亮为什么会跟着我走？花儿为什么有很多种颜色？树叶为什么会变黄？……

面对孩子不停提出的问题，很多妈妈会感到措手不及。尤其是一些无厘头的问题，更是让妈妈不知如何回答，有时实在回答不上来，只好敷衍了事，或责怪孩子话多、无聊，但这样便打击了孩子的好奇心，扼杀了孩子的探索和求知欲望。

其实，孩子的问题越多，说明他思考得越多。经常向妈妈提出问题，也是孩子洞察力、想象力和创造力的表现。对此，智慧的妈妈都会耐心回答，积极引导，这样不但能丰富孩子的知识面，还能促使孩子更加深入地进行探索和思考。

所以，面对孩子的问题，妈妈不但不能厌烦，还要尽自己一切努力帮助孩子，保护孩子的探索和求知欲望，并因势利导，调动孩子向更高层次思考、探索、发展的积极性。

鼓励孩子多提问题

犹太民族在教育孩子时的一个最重要的教育方法，就是鼓励孩子提问题。孩子一回到家里，妈妈就会问："今天你在课堂上提问了吗？"而我们的妈妈在孩子放学回家后，第一个问题通常是："今天考试得多少分？全班最高分多少？""老师今天留了什么作业？"而教育专家认为，善于提问比孩子的分数更能反映孩子的思维能力、理解能力和聪明程度等。

6岁的小睿从2岁多刚会说话开始，就经常问"这是什么""那是什么"，每次，妈妈都很耐心地告诉他，不管他是否能听懂。后来，妈妈惊喜地发现，当小睿在问完"这是什么"后，紧接着又会问一句"为什么是这样"。这说明，小睿开始思考了。妈妈为此感到很高兴，因此在小睿问完"为什么"后，妈妈会在大脑中快速地搜索答案，然后用小睿能理解的话语解释出来。如果实在想不出答案，就会说："这个问题妈妈也不知道，咱们一起来查查书吧。"然后一起去查阅有关书籍。

后来，妈妈也学着小睿的口吻，经常向小睿提问："为什么这样啊？"刚开始小睿不会回答，妈妈就帮他回答，然后问："是不是这样呢？"小睿会使劲儿地点点头。慢慢地，小睿也能自己回答一些问题了，如果回答对了，妈妈就会伸出大拇指，表扬小睿："说得很对。你真棒！"

在妈妈的培养下，小睿养成了爱提问的习惯，变得越来越好学了。

心理学研究表明，敢于和善于质疑的孩子，通常能打破传统的、固定的、消极的思维定式。他们不迷信、不盲从权威，敢于向传统挑战，因而也更富有学习性和创造性。所以，面对脑袋中充满了"十万个为什么"的孩子，妈妈请一定要理解，并耐心启发，将孩子的好奇转移到善于分析和积极思考方面上，推动孩子的学习和求知欲望。

宽容孩子因探索而引起的破坏行为

孩子在探索时，由于年幼无知，经常会引起一些破坏性行为的发生。比如，有的孩子想看看长在地上的花、埋在土里的根是什么样，就把家里养得好好的花连根拔起；有的孩子想给鱼缸里的小鱼洗澡，就用肥皂搓揉小金鱼，导致小金鱼全部死去。更有一些所谓的"熊孩子"，想看火是怎么燃烧的，就打开厨房里的燃气，把纸张、塑料袋等放在上面烧。

对于孩子的这些破坏性行为，很多妈妈是忍无可忍的，于是对孩子一通斥责，严重的甚至会暴揍孩子一顿。但其实，孩子只是因为好奇，想弄个究竟，并非刻意去破坏或伤害什么。所以，妈妈可以给孩子认真讲解：花的根部是什么样，小鱼为何不用洗澡，火为什么危险，等等。这样不仅满足了孩子的好奇心，还帮助孩子学到了更多的知识。

多为孩子提供一些动手、动脑的机会

在培养孩子过程中，妈妈不但要保护孩子的好奇心和探索欲望，还要创造机会，培养和发展孩子的这种能力。根据孩子模仿性强、想象力丰富、爱玩爱动的特点，妈妈可以为他们准备一些工具，如小锤子、小剪刀、胶布、纸箱等，鼓励他们充分调动自己的感官，通过观察和想象，自己动手、动脑制作一些小东西，让孩子体验自己动手搞创造发明的乐趣。

有位妈妈，在这点上就做得很好。一次，她5岁的女儿用彩笔在纸上画了一个类似电视机的图形，得意洋洋地给妈妈看，向妈妈解释说："妈妈，这个是外星人的家。你看，这个是外星人的沙发，这个是外星人的电视，还有这个，是外星人的玩具车……"

在大人看来，上面就是一个长方形，里面胡乱画着几个线条，根本不像什么沙发、电视，可这位妈妈却仍然故作惊讶地说："哇，你画得真棒！外星人肯定特别喜欢你为他画的房子，不过，要是你动手给他们建造一个房子，他们肯定更开心。""那要怎么建造呢？"女儿问。于是，妈妈给女儿找来一个大纸箱，又找来一些纸壳、旧玩具等，两人一起给外星人建起了房子。

在妈妈的赞叹和引导下，女儿的"创造欲望"一直很强烈，甚至要跑到书架上找来一本有关外星人的书，翻看外星人到底是什么样的，要"穿"什么衣服，"吃"什么东西，然后给外星人都"创造"出来。

这样的活动，对于孩子的动手能力、动脑能力等，都将起到很大的促进作用。孩子的好奇心、探索和求知欲也会得到很大的满足。

第4章

好品质，引导孩子领跑人生

第一节　宽容，让孩子一生更快乐

某个青少年研究中心，曾对中小学生进行了一次抽样问卷调查。其中，有一道题目是这样的："当你讨厌的同学需要你的帮助时，而且你有能力帮助他，你会帮他吗？"在回答这个问题时，表示愿意的小学生、中学生和高中生分别为59%、41%和37%。从这一结果可以看出，虽然仍有不少孩子对于这些人的求助表示愿意提供帮助，但表示愿意帮助他们的人数随着年龄的增长却是递减的。

同时，在这一调查中还有另外一个问题："对于过去欺负过你或严重伤害过你的人，你会怎么办？"这个问题的答案中，只有30%的孩子表示会原谅对方，有近24%的孩子表示很难原谅或绝对不会原谅。其余的孩子则表示：自己会原谅，但不会忘记。从这个结果可以看出，能够主动宽容、谅解别人的孩子非常少。

虽然我们不能要求孩子一定要帮助自己不喜欢的人，或者一定要原谅曾经伤害过自己的人，但我们要强调的是：宽容是一种美好的品质。对于孩子来说，宽容不但是一种待人的准则，还能维护心理的健康，能让孩子的一生更加轻松、快乐。

然而作为妈妈，我们应该能够看到，现在的孩子大都以自我为中心，处处只想着自己，不关心别人。如果有人做错了事，更是很少能以宽容之心对待，甚至抓住他人的缺点和错误不放。比如，有些孩子在与朋友发生矛盾后，回家告诉妈妈的都是对方的不对，似乎整个事件中只有他是最正确的。其实，妈妈稍微琢磨一下就能明白：为什么别人偏偏会与他发生摩擦呢？是不是他也有处理问题不对的地方呢？

所以，在平时的教育中，妈妈应有意识地引导孩子不要事事都斤斤计较，也不要总看到别人的不对。学会看到别人的优点，学会宽容和善待别人，反而更容易体会到轻松和快乐。

妈妈要引导孩子换个角度看问题

有位妈妈，带着自己的女儿去一个公园玩。公园有点远，所以母女两人就叫了辆出租车。因为出租车司机对路不太熟悉，就绕了一段路。等到公园门口后，妈妈付了帐，准备下车，却发现这里离公园售票口还有一段距离，出租车司机便又往前开了一段。这位妈妈怕司机不好调头，就又拿出两元钱给司机，还告诉司机说，前面的另一个门会有游客打车。

下车后，女儿就不解地问："妈妈，您为什么又给他钱，他都给咱们绕路了。"

妈妈说："你没听他说自己刚干出租才几天吗？开出租挺不容易的。"

"那您就容易吗？"女儿还想争辩。

"开出租和我的工作不一样啊，我是在办公室里，开出租是在外面，还要交车份钱。"

女儿听完，不再说话了。

这位妈妈的做法很赞。她没有因为司机绕路而与其计较，反而还因为司机多送了一段路再付一次钱。在女儿提出异议后，她又耐心地给孩子解释，从而教育孩子要站在别人的角度，主动为别人着想，理解和宽容别人，尊重别人的劳动，而不应该事事都用金钱来衡量。

也许孩子当时并不一定能接受妈妈的做法，但在这种熏陶下，相信孩子慢慢也会理解妈妈，并尝试像妈妈一样，换个角度看问题，去主动学着理解和宽容别人。

其实，很多事如果站在不同的立场来看，得出的结论和获得的感受都是不一样的。如果我们只教孩子站在自己的立场看问题，孩子就会觉得别人都是错的，只有自己最对；相反，如果在遇到问题时，我们能引导孩子学会"心理换位"，站在别人的立场思考一下，也许孩子就会看到别人更多的优点，也就更容易学会宽容。

在日常生活中，妈妈要做好言传和身教

在日常生活中，孩子与妈妈在一起的时间最多，所以受妈妈的影响也最大。正因为如此，妈妈更要担任好孩子的"老师"这一职责，注意自己对孩子的言传身教，让孩子从一点一滴中学会宽容和善待别人。

比如，孩子在家里有时不小心损坏了东西，有些妈妈就会责怪孩子怎么这么不小心。其实孩子做错了事，也感到很后悔和害怕，如果妈妈再不断指责，孩子就更难过了。相反，如果妈妈能和颜悦色地指出孩子的错误，对孩子表示理解，而不是气愤地指责和批评孩子，这样不但能让孩子更深刻地理解自己的错误，并且改正错误，而且还能从妈妈身上学会宽容，懂得宽容的好处。

也就是说，当妈妈学会宽容孩子的过错后，孩子也会慢慢学着妈妈的样子，逐渐去宽容别人的过错，变得友善、热情。

有的妈妈可能会为此担心：如果孩子总是去宽容、善待别人，会不会因此而被别人欺负呢？这种担心可以理解，因此在教孩子学会宽容时，我们同时还要教给孩子公平、公正和讲原则，这些与宽容并不矛盾。

第二节　善良与爱心，孩子身上的"闪光点"

4岁的小西正在上幼儿园。有一天放学回家后，妈妈发现小西的胳膊上有个很深的牙印，明显是被人咬的，就忙问小西怎么回事。果然，是被班里一个小男孩咬的，但小西说了半天也没说明白，就说："我不让他咬的话，他会摔倒的。"

妈妈很心疼，忙给幼儿园老师打了个电话，才弄清楚事情的原委。原来，在幼儿园的游戏课时，小西和一个小男孩一起合力推小车上坡，小西不小心踩到了男孩的脚一下，男孩很生气，举手就打了小西一把。小西一心想跟男孩合力推车，就没理会。男孩见状，更来劲儿了，低头又在小西的胳膊上狠狠地咬了一口。幸好被老师发现了，及时制止了男孩，但小西始终没有放开小车，忍着疼，红着眼睛，和男孩一起把小车推到了终点。

听完老师的话，妈妈又心疼又来气："你怎么那么笨呢？他打你，你不会跑开或者叫老师吗？怎么还傻乎乎地站着，让他再咬你一口呢？"小西却轻描淡写地说："我也想跑的，可如果我跑开了，就要松开小车，他自己推不上去，就会摔倒的。"

当你听到孩子说出这句话，内心会不会被深深地触动？孩子的心是多么纯真和善良啊！

善良、爱心，是孩子身上自带的"闪光点"。只有这样的孩子，才会拥有其他更优秀的品质，诸如宽容、责任等，将来也更容易获得成功与幸福。面对孩子的善良和爱心，妈妈不但不应去否定、抹杀，甚至要给予肯定与鼓励，让孩子一生都能保持着这一优秀的品质，不要让这一美好的品质被自私、计较、报复所吞噬，使孩子从一个纯真、善良的孩子变成一个睚眦必报的人。

然而在很多时候，不是孩子缺少善良和爱心，而是由于父母对孩子的溺爱、不当的教育方式等扼杀了孩子的这一品质。孩子出生后就像一张纯洁的白纸，父母在上面描绘什么，孩子就会变成什么样，即所谓的"种瓜得瓜，种豆得豆"。如果父母不懂得保护好孩子天生的善良与爱心，不仅会误导了孩子的人生，就连自己最终都可能会品尝到苦果。

别让孩子在溺爱中丢了爱心

妈妈对10岁儿子球球可谓百依百顺、有求必应。暑假时，天气炎热，球球坐在空调房里打游戏，忽然嚷嚷着要吃西瓜，要妈妈赶紧去买。妈妈不敢怠慢，立刻顶着烈日跑出去买西瓜。当妈妈满头大汗地抱着西瓜回到家后，球球却因为等待时间太长而发起了火："妈你怎么这么慢，不就买个西瓜吗？你这简直像是去种西瓜了！都快把我渴死了！"

"妈妈马上给你切哈，乖儿子，再等两分钟。"妈妈见心爱的儿子着急了，连水也没顾上喝一口，立刻到厨房切西瓜。刚切开，妈妈顺手拿起一小块吃了一口，看看甜不甜，结果正好被球球看到，球球又大喊起来："你怎么倒先吃上了？谁让你吃的？你是真想渴死我啊！"

妈妈听了儿子的话，心口顿时像被一把刀扎进来一样，泪水一下就流出来了。球球发现妈妈哭了，不但没有安慰，反而还说："哭什么啊？这次算了，下次不可以。"说完，拿起一块西瓜，边吃边打游戏去了。

当这位妈妈在伤心难过的时候，殊不知，正是她的溺爱，让孩子的善良和爱心一点点丧失掉，变得唯我独尊。孩子对自己的父母尚且如此，走上社会后，又怎么能对他人心存善意呢？这样的孩子，显然也不会成为一个受欢迎的人。

所以，妈妈不但要保护孩子天性中的善良与爱心，还要在生活中通过一些小事不断强化孩子的善良与爱心，让孩子一直都能拥有这一美好的品质。

强化孩子的友善行为，保护孩子的善良与爱心

有时候，妈妈因为忙碌或其他原因，经常对孩子表现出来的善心视而不见，甚至还会训斥一番，觉得孩子不懂事，结果无意中就把孩子的爱心扼杀在萌芽里了。

就比如这位妈妈，周末带着女儿去公园散步，在公园门口看到一个老奶奶正蹲在那里卖小鸡。女儿一看到几只可爱的小鸡在箱子里叽叽喳喳地叫着，非常喜欢，就下意识地伸手想摸一摸小鸡。结果被妈妈看到了，妈妈立刻大声叱责道："谁让你摸它了，那小鸡多脏啊！你难道看不到吗？"女儿吓得赶紧缩回手，一脸惊慌。

其实，孩子第一眼看到小鸡，纯真的内心里想的只有小鸡的可爱，因此才会满怀爱心地想要摸摸小鸡。而妈妈的一句呵斥，瞬间就浇灭了孩子的爱心。相反，此时妈妈如果换种方式教育孩子，效果可能就完全不一样了。比如，妈妈可以对孩子说："小鸡好可爱，你想摸摸是不是？没关系，想摸就摸一下吧，它们看起来的确有趣又可爱。不过，你回家最好要洗手哦！"

这样一来，孩子的爱心和友善就会得到保护和强化，也会很自然地展现出自己的爱心。同时，孩子也能理解妈妈让自己回家后洗手的意思，知道小鸡可能不那么卫生。自己的友善得到了妈妈的认可和鼓励，孩子的内心也会充满愉悦，以后表现出同样行为的次数也会越来越多。

鼓励孩子学会关爱身边的人

要让孩子身上的"闪光点"一直发出光泽，妈妈就要从孩子很小的时候开始，既有意识地保护他的善良和爱心，也要引导他学会正确地展现自己的善良与爱心。比如，当家里新买了水果或糕点时，妈妈就让孩子先把水果和糕点拿一点给家里的长辈，如爷爷奶奶、姥爷姥姥等，让孩子懂得关心和礼让长辈。慢慢的，孩子就会形成习惯，也就不会自私自利地只顾着自己的饥饱和喜好了。

平日里也可引导孩子多关心他人，如同学遇到了困难，鼓励孩子去帮一帮。妈妈千万不要小看这些平常的小事，如果孩子能够不间断地去做，他自然会在付出中体会到他人的需要。那么，在他人需要帮助的时候，付出自己的爱心就成为理所当然的事情了。

第三节 责任，敢于大声说"对不起"

责任心，是一个人对自身承担义务的自觉态度，这其中不仅包括对自己的责任，也有对他人和对社会的责任。对于未来不断要与他人交往，并最终走向社会的孩子来说，责任心更是一种必备的品质。

可是，生活中有些妈妈，面对孩子的错误时，经常用"他还是个孩子""他还不懂事"等借口，纵容孩子逃避责任。的确，孩子偶尔犯一些小错误是可以原谅的，但有些错误却是不能纵容，必须道歉的。

孩子犯错后，妈妈要引导孩子自己去道歉

孩子在成长的过程中，肯定是大错小错都少不了。一旦孩子犯错，一些妈妈出于面子或"护犊子"的心理，张口就否定孩子的错误："我的孩子不会这样做的。""我的孩子这么小，懂什么？即使做了，也不是故意的。"殊不知，正是因为妈妈的这种态度，孩子才会对犯错有恃无恐，甚至变本加厉。

还有些妈妈，明明知道孩子错了，却不让孩子去道歉，而是自己去替孩子道歉："哎呀，对不起，小孩子不懂事，您别生气！""他就是个孩子，您大人有大量，别跟他计较！""都是我教育得不好，给您惹麻烦了！"如果孩子只是个两三岁的幼儿，还没有是非之心，妈妈出面道歉倒也无可厚非；但若孩子已经能够明辨是非，妈妈还替孩子道歉，那么培养出来的孩子也难以具有责任心，只会是个遇事逃避责任的懦夫而已。

妈妈必须明白：孩子犯了错，就要让他悔过自省，向人致歉，这正是培养孩子责任心的一个良好机会。而且要让孩子自己去道歉，这样才能让他更深刻地认识到自己的错误。

作为妈妈，我们应时刻牢记，孩子是个独立的人，我们不能将孩子看成是自己的"面子"，更不能总是"护犊子"。爱子心切可以理解，但经常包庇他的错误，就是在害孩子。试想一下，几十年后，孩子走上社会后犯了大错，你还能护住他吗？还能包庇他吗？

孩子需要通过错误而成长，也需要妈妈的帮助，而不是包庇、纵容。

不要给孩子任何找借口的机会

9岁的蕊蕊期末考试没考好，回家后就开始对妈妈抱怨："都怪那个数学老师，讲课太快了，我根本跟不上！""语文老师也不行，每天留那么多作业，我根本没时间复习！"……

妈妈在一旁静静地听着，等蕊蕊好不容易抱怨完后，妈妈平静地问她："那几个成绩比你好的同学，是跟你一起上课的吗？"

"当然是啊，不然怎么上？"蕊蕊随口回答道。

"那他们的成绩为什么会好？不都是接受同一个老师讲课，接受同一个老师留的作业吗？"

"他们……"蕊蕊一时回答不上来了。

"蕊蕊，一次成绩没考好没有关系，"妈妈接着说，"但我们不能把没考好的责任推给老师，却不在自己身上找原因。你应该问问自己：'这次没考好，我有什么责任？'而不是老师怎样怎样了。"

我们允许孩子不完美，但却不能允许孩子将自己这种"不完美"的责任全都推到别人身上。自己的问题，就要学会自己承担，学会发现自己身上的责任，才能成长为一个具有责任心的人。

从小就注意培养他们的责任心

孩子的责任感，通常都是从他对某种具体事物产生喜爱开始的。比如，妈妈请他去为自己倒杯水，他很乐意；但如果是陌生人让他帮忙倒水，估计没有几个孩子会愿意做。对他喜欢的玩具，总是细心地收好；而对于那些不喜欢的，随便就扔到一边，不理不睬……这些，其实都是孩子最初的责任心的体现。他觉得自己有责任照顾妈妈，有责任爱护自己的玩具，所以会很耐心、很细心。

再长大些，孩子会慢慢学会对自己说过的话、应该完成的任务负责，进而对自己的伙伴、自己的班级负责。这就是孩子的责任心慢慢养成的过程。

认识到这一规律，妈妈最好从孩子很小的时候就开始培养他的责任心，比如让他帮忙做一些力所能及的家务、收拾自己的房间、学会自己穿衣服鞋子、帮忙照顾家里的老人等。上学后，可引导他为集体做些公益性劳动，也可以和孩子一起参加一些社会实践活动。通过这些活动，孩子也会获得一些肯定性的评价，进而内心产生满足感和愉悦感，责任感也会更加强烈。

第四节　自信，告诉孩子"你能行"

越越的妈妈最近越来越焦虑了，因为她发现，越越在跟小朋友玩时，总是显得很缺乏自信。其实越越很喜欢和小朋友一起玩，对小朋友也很热情，为了能和别人一块儿玩，不计较任何条件，"只要你跟我一起玩就行，别的都是你说了算！"可越是这样，小朋友们就越不爱跟他玩，甚至还经常欺负他。

妈妈经常看着越越兴冲冲地去找小朋友玩，结果一会儿后就沮丧地回来了，"妈妈，他们都不带我玩，我是不是一个坏孩子呀？"

妈妈觉得，越越在跟小伙伴玩时太没自信了，所以才会被欺负，所以总是跟越越讲："你和别人玩时应该变得有自信和自尊才行，那样别人才不会看不起你、欺负你！"但也没什么用，越越仍然是一副"受气包"的样子。

有一句话叫"父母是孩子的容器"。当孩子觉得不安全时，哪怕感觉"天都要塌下来了"，他还能有最后的底气，就是"父母可以帮助我"。而社交挫败感，对于孩子来说就好比"天塌下来了"，所以孩子急需父母的帮助。这时，如果妈妈比孩子还着急，训斥孩子："怎么偏偏就不跟你玩，你自己不知道找找原因吗？""谁不跟你一起玩，妈妈去找他！"

妈妈的这种不稳定的情绪不但不能解决问题，而且反而会加重孩子的挫败感和自卑心理，甚至会给自己贴上负面标签：我是不好的孩子，我是失败的，我是无能的。

其实，孩子在跟小伙伴一起玩总是显得很卑微，通常是由于缺乏自信。造成这种个性的原因，可能是因为平时在家里妈妈过于强势，降低了孩子的自信心和自尊心，产生了"我是不重要的"的感觉，做不到自重、自尊、自爱。当孩子跟小伙伴玩时，就会表现出在家中习惯了的服从感和自卑感，总是去讨好别人、迎合别人。

可是，孩子又本能地都喜欢平等，喜欢有趣、会竞争、懂合作的伙伴，而不是一个唯唯诺诺的人，所以，越是自卑的、"不计较任何条件"的孩子，别人越是不愿意跟他玩。唯一解决的方法，就是让孩子变得自信，内心里认为"我能行"。自信才能自爱，进而人爱之。

案例中，越越的妈妈也懂得了这个道理，可是在引导孩子时，却不是很到位。要让孩子变得自信，光讲道理是没用的，还可以试着从下面几方面耐心引导：

妈妈在孩子面前学会适当示弱

一位妈妈喜欢陪女儿玩积木，可女儿在玩的时候，连基本的积木都不摆，妈妈就猜测：是不是积木块太小了，女儿摆不上去？于是就买了大块的积木，可女儿还是不玩。

妈妈觉得奇怪，就仔细观察了几天，结果发现：女儿不是不想玩，而是因为妈妈玩得太好了，每次都搭得很高，自己却搭不成这样，就不肯玩了。妈妈这才恍然大悟，原来是自己的行为伤害了孩子的自信心。从那后，她搭积木时，就故意失败，搭着搭着，积木忽然就"塌"了，然后她发现，女儿的眼神噌一下就亮了，好像在说："原来妈妈也不行啊！"而妈妈还会故意沮丧地说："哎呀，我的积木又翻了！"结果，女儿显得很高兴，反而主动拿起积木，教妈妈怎么搭。

妈妈的这种故意示弱的做法，其实就是在帮女儿建立和培养自信，可以说是非常智慧的。

在孩子看来，爸爸妈妈是非常强大的、是无所不能的，而自己虽然什么都想试试，可奈何能力有限，处处受挫。懂得孩子的这一心理，妈妈平时在做一些事时，就要学会适当示弱，然后鼓励孩子来给自己帮忙，通过这种方式努力给孩子传达"你能行""你的存在有价值"等重要的信念，让孩子增加自信心。

从日常生活中给孩子存储"自信"

想让孩子变得自信，最好的办法就是让孩子知道自己并不差。而且，当这话从别人口中说出后，孩子会更加受用，他的"自信账户"就会多一笔"存款"。

所以，妈妈要学会看到孩子的优点，并经常肯定他的这些优点。比如，当妈妈看到孩子自己洗袜子时，就可以及时给予表扬和肯定："干得真不错，小袜子洗得比妈妈洗得都干净！"孩子一听妈妈这么说，心里就会很高兴，自信也会增加一分："哦，原来我不是什么都不行，你看，我就能把袜子洗得很干净！"孩子获得了妈妈的肯定，"自信账户"就又增加收入了。当然，妈妈的表扬也要真诚、实事求是，不能过分夸张，如"哎呀，你最棒了！""你是最厉害的！"这样浮夸而又缺乏实际内容的表扬，只会引起孩子的不适。只有实实在在、一点一滴地增加孩子的自信"收入"，他的自信才会慢慢建立起来。

同时，妈妈也要注意，为了让孩子的"自信账户"不断地增加收入，就要少让孩子"支取"他的"自信存款"，也就是少强调他的缺点。之所以如此，是因为孩子的内心比较脆弱，一旦被否定了，就会受到打击，就要从自己少得可怜的"自信存款"中支取一部分自信出来，这样孩子的自信就会少一分。

引导孩子学会自我激励

有些妈妈一看到孩子表现好，马上就奖励孩子一些物质的东西，零食、玩具随便选，想用这种方式增强孩子的信心，但其实这种方式并不合适。要提升孩子的自信，物质奖励偶尔用一下可以，但更重要的，是要孩子学会自我激励。

自我激励是一种习惯内化的结果，孩子学会自我激励，就会不只重视爸爸妈妈的表扬或物质奖励，而更重视对自己努力的肯定，并能正确看待物质上的诱惑，不会为了获得物质奖励而刻意表现。孩子只有学会不断进行自我激励，才能更好地强化自己的自信行为。

要引导孩子学会自我激励，妈妈就要引导孩子多看自己的优点。比如，孩子背课文时怎么都背不熟，很沮丧，那妈妈就可以告诉孩子："心理学家都说了，一个人的记忆力在大脑中的全部潜能都开发出来后，就能轻而易举地记住几十本书的内容。所以，你现在记不清也很正常，因为你还小，大脑潜能还没完全开发出来。"这样，孩子的沮丧情绪就会有所缓解，不会因为自己背不熟而自责、难过。接着，妈妈可以再鼓励孩子说："不过，要想开发出大脑的全部潜能，我们就需要再加加油，妈妈相信你是可以做到的。"孩子获得了情绪的疏导和妈妈的鼓励，就会愿意继续背诵，那么他就已经迈出了自我激励的第一步。

而当孩子背诵完成后，妈妈也别忘了及时强化孩子的信心："你今天这么用功，真的很棒！""你通过努力把课文背得这么熟练，你一定为自己感到骄傲！"这种赞许就去除了妈妈的赞赏，而更多地让孩子自己认识到自己的价值，强化孩子的自我意识。

总之，孩子的成长原本就是一件缓慢的事，不论其中出现什么问题，要修正和培养都需要时间，不能着急。在这个过程中，既需要妈妈对孩子的帮助和引导，又需要妈妈和孩子都放松心情，这样在不经意之间，孩子的一些品质就慢慢培养起来了。

第五节　勤奋比天赋和智商更重要

"王妍，你这次的考试成绩仍然不理想。照这样的成绩，你升初中都有难度。"这是半年前班主任老师对王妍的评价。

不管是学习还是做事，王妍总比其他孩子慢半拍，为此，她的妈妈也很苦恼，生怕平时老师讲课快，孩子跟不上。不过，好在王妍很勤奋刻苦，平时听课时，虽然经常听不懂，但下课后，同学们都出去玩了，她就拿着笔记到老师的办公室请教老师。老师也很喜欢这个努力的孩子，所以每次都很耐心地给她讲解，直到她听懂为止。

平时写作业时，遇到不会的题，王妍就先放下作业，然后把老师讲过的内容重新复习一遍。慢慢地，不会做的题她也能"搞定"了，虽然每天写作业都要写到很晚。

看到王妍这么努力，妈妈虽然心疼，但是也很欣慰，也经常陪伴王妍学习，给王妍加油打气："你虽然算不上聪明，但你能这么好学和努力，妈妈相信，你一定可以顺利地升入重点中学！"王妍听了妈妈的话，学习的劲头更足了。

果然，"功夫不负有心人"，王妍最终以优异的成绩升入了当地的重点中学，开始了新的旅程。

很多妈妈都会为自己孩子的智商担心，害怕孩子不够聪明，又缺乏天赋，在学校学习跟不上，然而一个有远见的妈妈，会更在意孩子是否勤奋、努力。因为聪明、有天赋可以解决一时的难题，满足一时之需，但要想取得更多的成就，就必须具备勤奋、努力、坚持这些优秀的品质。我们经常听说某某凭借不懈的努力取得了不凡的成就，却很少听闻某某只靠聪明、智商高就获得成功的。

因此，妈妈在培养孩子的品质时，一定别忽略了孩子的勤奋、努力。你的孩子聪明、智商高、有天赋，这的确令人高兴，但更令人高兴的，应该是这个聪明、智商高、有天赋的孩子，同样具备勤奋、努力等优秀的品质。要知道，勤奋是比天赋和智商更重要的一种品质。

妈妈要做个正确的"引路人"

妈妈是孩子的第一任老师，也是最重要的一个老师，所以在教育孩子的路上，一定要做个正确、合格的"引路人"。有些妈妈，最喜欢听别人说自己的孩子聪明，不仅如此，还喜欢四处"炫耀"自己的孩子：

"我儿子英语说得特别棒！其实平时他都不怎么学，昨天我还说他呢，光知道贪玩儿！"

"我女儿上周刚刚拿了钢琴比赛冠军，还要学小提琴呢，这孩子就喜欢音乐！"

"我女儿的画也被拿去参加比赛了，老师说她特别有天赋！随她吧，反正我都支持。"

……

这些话题，很多妈妈应该都"参与"过。当别人露出赞许和羡慕的眼神时，尽管嘴上说着谦虚的话，心里早就乐开了花！

当妈妈们兴奋地和别人炫耀自己的孩子时，究竟是在赞美孩子什么？智商？天赋？还是勤奋、努力？我想多少妈妈都是在炫耀孩子的聪明、天赋、智商高，恐怕没有几个妈妈会说"我的孩子靠勤奋拿到了××比赛冠军"，因为这通常意味着孩子"聪明不够，勤劳来凑"，偶尔拿个什么奖，也是"瞎猫碰到个死耗子"，碰巧占了个便宜而已。

其实，妈妈具有这样的观念是错误的，因为你只看重孩子的智慧和天赋，却忽略了任何成就和成功都离不开勤奋的道理。而具有这种观念的妈妈，还会给孩子传递一种错误的理念：聪明、智商高、有天赋，就能有所成就。而孩子为了成为妈妈眼中"能有所成就"的人，也会随时"展露"自己的智商和天赋，因为这样妈妈看了才会高兴啊！可是，妈妈们可能没想过，没有勤奋和努力做基础的聪明，顶多只是"小聪明"。这样的孩子，虽然头脑可能比较灵活，但却不踏实，学习、做事都喜欢走捷径、投机取巧。甚至，还很瞧不上那些靠努力、勤奋获得成绩的人，最终变得眼高手低、一事无成。

如果你不想让自己的孩子将来成为这样的人，那么最好不要总把孩子的智商作为"炫耀"的资本，更不要在孩子面前表现出过分看重天赋和智商的样子，而应引导他踏踏实实地、凭借自己的勤奋和努力去获得成绩，同时告诉他，聪明和有天赋固然好，但要将自己的天赋发扬光大，光靠聪明是不行的，还必须具有勤奋、努力等优秀的品质。

多表扬孩子的努力和勤奋

孩子聪明、智商高是好事，但妈妈千万别把这件"好事"办成了"坏事"。孩子需要妈妈的鼓励和表扬，而聪明的妈妈在鼓励和表扬孩子时，应多表扬孩子的勤奋、努力，而不是他的聪明。这两种不同的表扬方法，对孩子的影响也是完全不同的。同样是成绩优秀的两个孩子，如果一个经常被夸聪明，而另一个经常被夸勤劳、聪明，一段时间后，两人就会出现截然不同的变化。被夸聪明的孩子，以为自己的成绩是由于聪明所得的，一旦遇到挫折，就可能丧失信心，甚至对自己的智商产生怀疑；而另一个被夸勤奋、努力的孩子，即使遇到了困难，也会想"我应该再努力一下"，并争取在学习中取得更好的成绩。

每一位妈妈对自己的孩子都有着最美好的期许，从孩子诞生那一天起，就开始在心中设想孩子的精彩未来。只是，现实与梦想永远都是有差距的。所以，不论你的孩子聪明还是平凡，是具有天赋还是资质平平，妈妈都要引导孩子养成勤奋、努力的好习惯，然后再考虑如何发挥孩子的天赋和智商，让孩子去涂画自己最精彩的人生。

第 5 章

走进孩子的内心，
妈妈会说更要会听

第一节 "谆谆教诲",也许只是烦人的唠叨

有位朋友,家里有两个孩子。每天早晨,她都要早早起来给两个孩子准备早餐,然后按时叫孩子们起床吃饭、上学。而一天的"战斗",都是从这一刻开始的:

妈妈:"起床啦,起床啦,看看都几点了,再不起一会儿就要迟到了!"

孩子:"妈妈,让我再睡一会儿,五分钟!"

妈妈:"怎么还不起来?怎么这么懒。赶快起床,洗脸吃饭,饭都要凉了!"

两个孩子极不情愿地、慢腾腾地从床上爬起来。年纪小的是小学生,不知该先做哪一样;年纪大一些的是初中生,一脸不耐烦地说:"妈妈天天就这几句话,烦不烦!"

好不容易两个孩子来到餐桌旁,"战场"也随之挪到了餐桌旁:

妈妈:"看你们又起晚了,磨蹭起来还没完了!赶快吃饭,不要先吃菜,要先喝汤,能滋润肠胃。哎呀都说了先喝汤,放下菜,先喝汤,快点!绿色蔬菜也得吃,还有鸡蛋,鸡蛋别忘了……"

两个孩子在妈妈所谓的"谆谆教诲"中,终于起身准备去上学了,"战场"又挪到了门口:

妈妈:"快穿衣服,穿这件吧,这件暖和,今天降温了。对了,到学

校要好好学习，不要跟同学吵架，不要跟坏孩子一起玩，也不要总搭讪女孩子。今天的作业早点写完，回来就可以复习明天的功课了……"

每天，这位朋友都是在这种唠唠叨叨中把孩子送走、迎回的。每天的内容都大同小异，有关心，有鼓励，有批评，有诉苦，有指导，有教育，可随着孩子们的一天天长大，她却发现，孩子从最初对自己的言听计从，慢慢变得不那么听话了，甚至嫌弃自己唠叨。大儿子就不必说了，对她的话总是一副不耐烦的样子，就连刚上小学的小儿子，都开始动不动就说"妈妈话真多""妈妈你别说了"。这让朋友很是伤心："我每天关心他们俩的衣食住行，苦口婆心地教育他们，从来都不打不骂，怎么他们就看不到我的苦心呢？怎么一点都不知道体谅我呢？"

生活中这样的妈妈不在少数，可在伤心之余，妈妈们有没有回想一下自己小的时候，那时是不是也经常被自己的爸爸妈妈唠叨？那些爸爸妈妈每天不停在你耳边给你讲的道理，你可有心甘情愿地倾听、接受？别忘了，他们曾经对你也是"谆谆教诲"。

是的，我们不愿意，那现在又怎么能要求孩子必须听你的"谆谆教诲"呢？其实在孩子看来，这些所谓的"谆谆教诲"，也许就是些惹人烦的唠叨而已，孩子对这些"唐僧式的教诲"的态度大多也是左耳听、右耳冒了，不会放在心上。

妈妈对孩子的唠叨，绝大多数都出于好心、出于爱，但凡事都是"过犹不及"，唠叨多了，原本是善意的"谆谆教诲"，却变得不再那么让人喜欢了。所以，妈妈想要了解孩子，走进孩子的内心，应学会适当地控制自己的唠叨，换成其他的方法也许更有效。

妈妈应学会适当地忍耐

妈妈唠叨的内容大体有三类：

第一类是对孩子的指导，比如该怎么穿衣服、吃什么有营养、该怎么玩才有趣……总之，几乎孩子的所有活动都参与进来，对孩子细致入微、不断地重复"指导",生怕孩子自己做不好。

　　第二类是对孩子的教导,比如带孩子去博物馆,孩子明明只对里面的一两件东西感兴趣,而妈妈却非要孩子每样都看看:"这里展品还有很多呢,你再好好看看。你看,这还有个模型呢,你应该好好研究研究。"孩子在看书,妈妈就在旁边不停地给孩子讲书中的道理:"你看这只小松鼠多乖,最听爸爸妈妈的话了,从来不跟爸爸妈妈顶嘴。"

　　第三类是不断地对孩子表白,内容多是说自己多疼爱孩子。比如给孩子做完早餐后,叫孩子吃早餐时,就会说:"你看妈妈多爱你,一大早就给你做了这么丰富的早餐。"给孩子买了件衣服后,也会说:"你这件衣服好几百呢,妈妈都不舍得买这么贵的衣服,你看你多幸福!"

　　妈妈的本意虽然是希望孩子越来越好,能够体会到父母对他的爱,可孩子却根本不爱听妈妈的这些"教诲"。青春期的孩子暂且不提,就是幼儿园、小学的孩子,也不会心甘情愿地听妈妈的教导,只是孩子年纪小,表达能力差,还不会像青春期的孩子那样,直截了当地制止妈妈的唠叨。不过,他们对妈妈的唠叨也有一套自己的应对办法,就是充耳不闻,不管妈妈说什么,他们都很少有反应,该做什么还做什么,这其实已经是孩子的一种消极反抗了。

　　聪明的妈妈在教育孩子时,会适时地选择忍耐。该让孩子承担的,自己尽量不要参与,孩子做不好自然会受到相应的"惩罚"。比如早晨赖床就可能导致迟到,被老师批评,那么下次孩子就会记住这个教训。孩子出门穿少了,被冻感冒了,下次再出门他自然就会多穿点,无需妈妈在一旁提醒。每个人都需要自己长大,也都需要学会为自己的行为负责,孩子很难懂得那些自己没经历过的事,所以不管妈妈怎样"谆谆教诲",孩子没有亲身体会过,也难以理解。

　　与其如此,妈妈不如省点力气,做好自己该做的。至于该孩子做的,那就放手,让孩子自己慢慢去学习、去承担。

在教育孩子过程中，妈妈要学会"抓大放小"

孩子在成长过程中，有很多事情是要妈妈操心的：吃穿住行、学习习惯、身体健康等。但有不少事是不那么重要的，随着孩子的逐渐长大，自然会慢慢改变。比如有的孩子吃饭慢，妈妈就忍受不了，于是不停地在一旁唠叨："你吃得也太慢了，能不能快点吃啊！""你能一口多吃一点米饭吗？你看你，一粒一粒地吃，得吃到什么时候啊！"孩子嫌妈妈唠叨，放下筷子不吃了，这时妈妈又说："你不吃饱怎么行呢？现在正是长身体的时候，不好好吃饭会营养不良的……"

这些妈妈有这样一种心理：希望孩子能按照自己的规划成长，妈妈说一句，孩子马上执行一句，以达到自己的期望。但这是完全不符合孩子的成长规律和年龄特点的，何况有些事根本无需这么耳提面命。因此，妈妈不妨把精力放在孩子成长中的那些重要的事上，学会"抓大放小"。大的包括孩子的学习习惯、学习方法、人际交往能力、价值观等。至于生活中一些比较琐碎的小事，可以遵从孩子的成长规律，让孩子慢慢成长。

第二节　尊重孩子的"话语权"

近年来，青少年自杀事件频发，我们经常会在网上看到这样的消息：孩子因与家长闹矛盾，跳楼自杀；孩子因被妈妈批评，跳楼身亡；花季少女因学习压力大，一时想不开，喝农药自杀；……一桩桩、一件件，触目惊心，在震惊与悲痛之余，我们不禁要问：这些孩子到底怎么了？人生才刚刚开始，前途还一片光明，却选择用这种极端的方式结束自己的生命。

有关调查发现，青少年自杀现象的背后，除了学习压力大外，更多的是因为与家长的沟通方式有关。现在很多妈妈都是"职场妈妈"，白天在职场上为事业拼搏，只有晚上下班后才能见到孩子，陪伴孩子一会儿。或许因为这个原因，很多妈妈对自己的孩子不够了解，甚至会在一些事情上误解孩子。有时孩子刚想跟妈妈倾诉点什么，妈妈一句话就给怼回去了，孩子只好张张嘴，又委屈地把到嘴边的话咽下去。这也是造成现在很多孩子与家长之间沟通不畅、出现代沟、矛盾重重等状况的一个主要原因。等孩子再大些，出现这样那样的问题时，妈妈再想去跟孩子沟通，孩子却早已对妈妈关上了心门。

年仅12岁的男孩小飞，已经离家出走好几次了。他这样讲述自己跟妈妈的关系："我跟我妈之前本来是无话可说，但不管我说什么，或者想要表达什么想法，都得不到她的回应和理解。每次都不等我把话说完，她就找出一堆的理由来反驳我，我觉得在她面前毫无话语权，只有听着的份儿！就像有一次，我说：'妈妈，我不想再上那个钢琴班了……'还没等我说完呢她立刻就大声说：'我每天这么辛苦地工作赚钱，不就是为了让你得到最好的教育吗？你竟然敢跟我说不去上钢琴班了！'我其实是想说，那个钢琴班换老师了，新老师总是骂人，我们班里好几个孩子都转走了。我那天很倒霉，因为弹错了几个音符，被骂了一顿，心情很不好，所以就跟妈妈商量商量，看看能不能也给我转到另一个班里去，根本不是真的不想学了。可她根本不听我说完，还朝我大声嚷嚷，啊，我真是超级崩溃！从那后，我再也不想跟她聊天了，有心事我就忍着，总比再被她骂一顿要好。"

生活中这样的例子并不少，很多妈妈在孩子眼里都十分严厉、苛刻，因此孩子也总把自己包裹得严严实实的，不愿或不敢向妈妈敞开心扉，哪怕遇到麻烦事，要么自己解决，要么找同学帮忙，要么干脆闷在心里。究其原因，还是因为妈妈没有尊重孩子的"话语权"，不懂得倾听孩子的心声，只要求孩子听自己的话，能感受到妈妈做的一切都是为他好就足够了。然而，孩子虽小，却也是一个独立的人，有独立的人格和思想，也需要被尊重、被理解，更需要向人倾诉。如果孩子小时候不能获得这种满足，长大后就容易产生自卑心理，甚至多年都无法恢复自尊心。

所以，如果你只想自己说、孩子听就行了，那么现在最好改一改这种教育观念，把"话语权"还给孩子，自己则做个"听话"的妈妈。只有先学会听，了解了孩子的想法后再去说，这样才更容易说到孩子的心坎上。

鼓励孩子勇敢地说出自己的烦恼和愿望

珊珊正在读三年级，平时乖巧懂事。一个周一的晚上，珊珊突然对妈妈说，前天晚上，也就是周五晚上，她一个很好的朋友过生日，好多同学都去了，但她没去。周一那天上学后，大家就谈论那天过生日的事，她只能在一旁听着，感觉很难过。在和妈妈说这些时，珊珊都快哭了。妈妈忍不住问她："你怎么不去参加呢？是你的朋友没邀请你吗？"珊珊却说："不是的，她邀请我了。但妈妈您忘了吗？周五晚上我去上绘画课了。"

妈妈忽然想起来，是的，那天还是她陪孩子去的，于是又对孩子说："你怎么不跟妈妈说呢？好朋友邀请你了，你如果跟妈妈说，妈妈会帮你请假的。生日一年就一次，绘画课我们可以下次补上啊！"没想到珊珊说："可妈妈您不是说绘画课要坚持吗？您花那么多钱给我报名，我怕我说不去上课，您会生气……"

其实，孩子的心思非常细腻，有时看起来大大咧咧，却经常会想很多大人根本想不到的东西。比如案例中的珊珊，哪怕内心非常想去参加朋友的生日会，却因为担心妈妈生气而压抑着自己的愿望，然后遵照妈妈的想法，去正常上课。但她的内心是很煎熬的，所以后来还是忍不住跟妈妈说了。如果妈妈不能理解她的想法，而是借此对她"再教育"一番会让孩子更加受伤，以后再有类似的事，孩子也不会再跟妈妈说，因为说了也没用，反而惹来一通批评教训，何苦呢？这样一来，孩子的心里真正想的是什么，妈妈又怎么能知道呢？

聪明的妈妈，会鼓励孩子说出自己的想法，哪怕一些愿望妈妈不同意，至少孩子勇敢地表达了自己的意愿和要求，妈妈也能弄清孩子内心的真正所想，而不是彼此靠"猜"来沟通。当然，如果孩子的愿望真的离谱，妈妈不同意，也不要直接呵斥、否定，而是给孩子讲清楚自己为什么不同意，让孩子知道妈妈不同意的真正原因。如果孩子有烦恼，妈妈更要认真倾听，做孩子忠实的倾听者和支持者。这样，妈妈与孩子之间的关系才会更融洽。

分清孩子的正常倾诉和恶意顶撞

随着孩子的逐渐长大，他们也有了自己的想法。在这个讲究个性化、独特性的时代，孩子的某些想法和观点经常会超出妈妈的承受范围，这时，如果妈妈仍一味地尊重、顺从孩子，可能会让孩子有恃无恐，养成傲慢、不懂得尊重他人、过于以自我为中心的坏习惯。

比如，一位妈妈就讲了自己的经历：儿子凯凯上六年级，平时周末都由他自己安排，基本都是一些活动。但现在接近小升初考试了，他周末仍在玩，妈妈开始有点担忧了。

"凯凯，快考试了，周末不安排复习，怕是会影响考试吧？"

"不会的，我自己会安排。"

"我发现你最近数学作业出错很多，上周考试也不太理想，是不是得及时补救一下？"妈妈希望能说服他，把周末时间拿出一些学习。

"都说了，我自己会安排，你能不能不要管我？"

"可你最近的成绩就是不太理想啊，这是事实，我觉得你还是应该拿出一些时间复习复习……"妈妈仍然不死心地说。

"拜托！这是我自己的事，你别再唠叨了，可以吗？"凯凯的态度变得非常不耐烦。

……

此时，很多妈妈应该都会生气吧？出于爱孩子，才耐心地提醒孩子，不想却遭到孩子的恶劣回应，如果控制不住，接下来恐怕就是一场天翻地覆的"战争"。但这样最终只会伤己伤人，不但自己更恼火，孩子也会更加"捍卫"他的观点。因为孩子此时想到的只有他的委屈，或一心只想激怒妈妈，妈妈多讲一句，他就顶撞一句。一来一往，孩子就可能肆无忌惮地说出难听的话。

切记，这个时候妈妈千万不要再去跟孩子讲道理，试图说服孩子，更不要拿出自己的威严，想去震慑住孩子，这只会火上浇油，令孩子从"表达自己的意见"变成"恶意顶撞"。你只需表达自己的情绪，告诉孩子："我听到你说我'唠叨'两个字时，感到很难过。"其他不必多说。等孩子冷静下来后，他也会慢慢明白妈妈的用意。这时，妈妈再平心静气地与孩子沟通，并尽可能地尊重他的想法，让孩子能学会对自己负责。妈妈这样做，恰恰是在尊重孩子的基础上，采取恰当的沟通方式，又不会完全顺从孩子的想法。

总之，妈妈要谨记：尊重孩子的"话语权"，允许孩子倾诉、辩驳，哪怕孩子错了，也不要认为孩子是在狡辩或强词夺理，而是让孩子说清事情真实的一面，这是每个人都拥有的权利，孩子也有，孩子也应该学会行使和维护这项权利。只有当孩子对自己的权利有了科学而深入的认识后，以后走向社会，他才能勇敢而坦率地使用自己的权利。只是，在行使自己的权利时，我们也要让孩子明白：在表达自己的意见时，不论有没有道理，都要注意自己的态度和用词，这是对别人、对父母最起码的尊重。只有父母和孩子都懂得互相尊重的道理，彼此的沟通才会更顺畅。

第三节 "听话"的孩子，就是完美孩子吗

"乖，要听妈妈的话。"

"你要听话，听话才是好孩子！"

"妈妈和老师都喜欢听话、懂事的孩子，所以你要乖乖听话才行。"

……

这样的话是不是很熟悉？几乎每个妈妈都对自己的孩子说过吧？

为了自己的孩子，妈妈都是掏心掏肺，做什么事首先想到的都是孩子，所以孩子听妈妈的话似乎也没什么不对。但对于孩子来说，任何时候都懂事、听话，真的就能成为一个完美的孩子吗？

10岁的霖霖就是大家公认的"听话懂事"的孩子，不但成绩好，从不惹是生非，而且还特别懂得包容别人，对人很有礼貌，所以亲戚朋友都很喜欢她，也经常夸她是"好孩子"。

有一次，霖霖过生日，有几个小朋友来霖霖家跟她一起过生日，大家玩得非常开心。临走时，有个小朋友忽然发现霖霖有一个特别漂亮的小背包正挂在门口玄关的衣架上，一下子就喜欢的不得了，转过身就问霖霖："霖霖，你这个包包太好看了，我好喜欢啊！可不可以送给我啊？"

"可是，这个是我表姐上周从国外带回来，送给我作生日礼物的……"霖霖有些为难地说。

"啊？可我真的好喜欢啊！要不下次我碰到好看的，再买一个回送给你好吗？"小朋友边说，边把小背包拿起来背到身上，在镜子前照来照去地看，越看越喜欢。

霖霖还是不太愿意。这一幕刚好被霖霖的妈妈看到了，妈妈马上对小朋友说："你喜欢就背着吧，下次我再让霖霖表姐给她买一个，好吧霖霖？"妈妈转过头看着霖霖，希望霖霖点头答应。

霖霖还是没点头，因为那个背包她真的很喜欢。自从表姐送给自己，她一次都没舍得背出去呢，现在却送给了别人。

"妈妈……"霖霖眼巴巴地望着妈妈，希望妈妈能帮她拒绝小朋友的要求。

"霖霖，听话，不就一个包嘛，妈妈下次给你买个更好看的。乖，霖霖最懂事了！"

尽管一万个不愿意，可霖霖还是强忍着快要流出来的眼泪点了点头。小朋友兴高采烈地背着霖霖最爱的背包，飞出了霖霖的家门，门口只剩下满腹委屈的霖霖。

像霖霖这样"听话"的孩子，应该就是妈妈们心目中的"好孩子""完美孩子"吧？因为人们总认为"好孩子"都乖巧懂事、循规蹈矩，从不调皮捣蛋，事事为他人着想。培养这样的"完美孩子"也是很多妈妈的目标。但是，妈妈们有没有想过孩子的内心感受呢？当孩子听话懂事时，他真的是心甘情愿吗？就算是心甘情愿的，那么这种"心甘情愿"对于孩子的成长与人格发育是否有好处呢？

据统计，在人们公认的"好孩子"中，有超过十分之一的人存在"强迫症"症状。因为这类孩子面临的压力更大，妈妈和周围的亲朋好友、老师同学，对他们都寄予很高的期望，因而当他们步入社会，面对更复杂的人际关系时，就容易造成心理失衡，产生自卑、失落、焦虑、抑郁等心理问题，甚至出现心理疾病。

所以，"听话"的孩子并不是完美的孩子，而妈妈们也不应该要求自己的孩子完美。孩子"不听话"原本就是天性使然，如果过分要求孩子"听话"，反而是在压抑孩子的天性，这对孩子是一种很严重的伤害。

妈妈要接纳孩子的不完美

著名心理学家武志红说："听话，是一场代代相传的骗局。"每个妈妈都希望自己的孩子是完美无缺的，然后却总是事与愿违，最好的永远都是"别人家孩子"。这样的情况就像很多人总是幻想生活在远方，却忘了过好眼前的日子一样。总是把改变寄托在孩子身上，而对他们的当下不能接纳，这也是当代家长的普遍内伤。

其实，孩子再不听话、不完美，也是你的孩子。不论你对他多不满意，指责他、诋毁他，可能都不会让他的成绩提高一分，也不会让他因此就会变得听话一点。相反，这样的对待只会给孩子带来更多的负能量，让他变得自卑、世故、缺乏主见，甚至为了讨好别人，一味地压抑自己的情绪。这样的孩子，内心又怎么能阳光、健康呢？即使以后走上社会，也会出现诸多的人际交往问题。

不要总用成人的标准去要求孩子，何况成人也有很多不足，所以，妈妈也应该承认自己孩子的不足，接纳孩子，允许他不听话、不完美，多去发现他的优点，并帮他把身上的优点发挥得淋漓尽致，由此让他变得自信、坚定，这样才是对孩子最大的爱。

允许孩子说"不愿意"，让孩子学会拒绝

所有的有效教育，都起始于心灵的接触和互通。孩子在妈妈面前不听话，在某种程度上，恰恰说明这是对妈妈的一种信任和褒奖。因为他敢这么做，就说明和妈妈的关系很融洽，也相信妈妈能够接受他的行为，而不用为了成为妈妈眼中的"好孩子"刻意隐藏自己的情绪和内心需求。

著名的德国心理学家海查曾进行过一个实验，结果发现：2～5岁有强烈反抗倾向的100名儿童中，到青年时有84%的人意志坚定，有主见，

并有很强的独立分析和判断、做出决定的能力。而那些没有反抗和拒绝能力的 100 名儿童中，到青年时仅有 26% 的人意志坚定，其余的人遇事往往没有主见，甚至不能独立承担责任。

所以，无论原本就是个为迎合别人而从不敢表达自己的乖孩子，还是原本是个"熊孩子"，为讨好别人不得不伪装自己，假装听话，都不是一个用心的妈妈真正希望看到的孩子的样子。不论在任何时候、任何场合下，都允许孩子敢于表达他的意见，敢于顺应自己的内心说"不愿意"，敢于拒绝，这才是孩子成长过程中该有的样子。

不要扼杀了孩子的天真和好奇心

妈妈们大都有一个错误的认知：把孩子养育成自己期望的样子，就是最省心的。因此面对孩子身上出现的各种各样的问题，妈妈们不是耐心地倾听和引导孩子，而是指责批评、冷眼轻视，将孩子因为好奇而产生的想法或因为不解而探索的行为，一个个扼杀掉，直至把孩子改造成自己心目中的"完美孩子"。如果实在改造不成，就认为孩子叛逆、不服管教、不成器。

孩子原本就是一个独立的个体，有独立的思想，然而很多时候却不被允许表达，面对妈妈的强权不得不屈从，嘴里虽然勉强答应着，心里却不见得真正认同。慢慢地，孩子为了不被指责，为了变成妈妈眼中的"听话"孩子，就只能一次次或委屈或假装地应付妈妈，但其实他已经逐渐对妈妈关上了心门，对妈妈一键"屏蔽"了。

所以，如果你不想成为这样的妈妈，就请把孩子当成一个独立的人，尊重他、认可他，允许他有各种各样的问题，允许他"不听话""不乖"，允许他做自己喜欢的事，允许他不完美。只有这样，孩子才有可能身心健康地成长。

第四节　妈妈少说多听，解决问题需要同理心

在一个冬天的早晨，一个犹太社区中心健身房外的走廊中，有个 2 岁多的男孩正趴在地上大哭。只见他两脚乱蹬，两手不断愤怒地拍打着地面，而他的妈妈却站在他身旁一言不发。不一会儿，妈妈放下手中的包，蹲在地上看着孩子；又过了一会儿，妈妈又坐下，后来索性也像孩子一样，趴在了地上，使自己的头能碰到儿子的头……

走廊里人来人往，大家都不知道发生了什么事，都小心地绕开这母子俩，而妈妈却仍然旁若无人地趴在那里。过了好一会儿，孩子逐渐平静下来，哭声渐渐小了，哭声也变成了对妈妈的耳语。最终，孩子站了起来，妈妈也站了起来，伸出手，孩子抓住妈妈的手，两人慢慢从走廊走了出去。

整个过程中，妈妈既没有训斥孩子，也没有安慰孩子，而是专心地趴在地上，尽自己最大的努力，从孩子的角度来理解他哭闹的原因。正因为这一点点的努力，让孩子慢慢平静下来，自己主动起身，牵着妈妈的手，愉快地离开了。

可能你会感到不解：妈妈一句话都没说，孩子怎么就不哭不闹了呢？我想这位妈妈的法宝，应该就是她与孩子的感同身受，站在孩子的角度，用同理心去理解孩子的感受。日常生活中，我们应该都有这样的感受：当我们被人理解后，内心会感到温暖，继而也愿意敞开心扉，畅所欲言；相反，当我

们不被理解时，内心会感到委屈、孤独，什么都不想说，甚至想远离别人。

成人尚有这样的感受，何况情感脆弱、表达能力还没那么强的孩子呢？所以，在孩子遇到问题甚至犯错时，妈妈不要急着去帮孩子解决问题或指责、纠正孩子的错误，而是要设身处地地站在孩子的角度考虑问题，并考虑他是否能够接受自己的意见或观点。

妈妈要从孩子的角度与孩子进行交流

很多妈妈在跟孩子沟通时都感到头疼：孩子有心事不告诉你；孩子遇到困难，宁可找同学帮忙，也不跟你说；苦口婆心跟孩子讲道理，却被孩子当成耳旁风，甚至有时还让孩子厌烦、嫌弃；好心好意帮孩子出谋划策，孩子却毫不领情。这到底是为什么？孩子为什么要对最爱自己的妈妈充满了敌意呢？

作为妈妈，如果你不懂得从孩子的角度与孩子进行交流，那么这种交流就一定会以失败告终。

有位妈妈，对自己12岁的儿子很是无奈：孩子迷恋游戏不能自拔，每天放学后，都偷偷跑到游戏厅玩，而妈妈也经常在游戏厅中把儿子揪回家。爱子心切的妈妈，恨铁不成钢，回家后就会劈头盖脸地训斥儿子一通，结果却毫无效果。孩子宁可被骂，也要偷偷去玩。

如果妈妈首先想到，大人有时玩游戏都会上瘾，何况孩子呢！因此虽然也对孩子沉迷游戏的状况担忧，但却不是喋喋不休地向孩子讲游戏的各种坏处，而是用与孩子容易亲近的方式，如用儿童式的话语问孩子："今天手气如何？破纪录了没有？"通过这种方式，不但能了解到孩子对游戏的沉迷程度，还可以让孩子放松警惕，主动说出自己玩游戏的过程、感受等。

这样传递给孩子的，是妈妈没有将游戏视为洪水猛兽，而是对游戏也很好奇，所以孩子也愿意跟妈妈分享自己的"战果"：哇，妈妈我打了一万分，第一名耶！因为有了"共同的爱好"，孩子也愿意跟妈妈沟通。这时，妈妈再适时地加入点自己的"说教"，孩子也就不会那么反感了。

与此同时，当妈妈努力从孩子的角度看问题，并传递给孩子一种平等的感觉后，孩子也会慢慢学着从妈妈的角度来看问题，这样，妈妈的想法、价值观等才能更好地传递给孩子。

好妈妈要给孩子倾诉的机会

英国教育家赫伯特·斯宾塞曾说过："给孩子诉说的机会，认真倾听孩子的话语。这样，父母才能更多地了解孩子，并对孩子不正确的思想与做法及时进行纠正与引导，使孩子一直走在健康快乐的身心成长之路上。"

所以，不管孩子的一些想法和做法是对是错，妈妈都不要剥夺了孩子解释和辩驳的机会。孩子有时向妈妈倾诉心声，并不是寻求妈妈的帮助，只是一种宣泄的方式而已。

5岁的小女孩彤彤，在幼儿园跟小朋友闹矛盾了，回家后非常生气地对妈妈说："我再也不跟小美一块儿玩了，她今天都把我的画弄破了……"妈妈只说了一句："哦，是吗？"接着，小女孩便坐在妈妈身边，喋喋不休地把事情说了一遍。说完后，忽然像想起了什么，忙站起来，从自己的小柜子中拿出一根存了好久的棒棒糖，说："妈妈，我昨天答应小美，要把这个棒棒糖送给她呢。今天早晨我都忘记拿了，明天上学时你提醒我带着它啊！"说完，便高兴地上一旁玩去了。

孩子年纪小，情绪变化也比较快，哪怕刚开始很生气、很沮丧，在倾诉完后，之前不好的情绪立刻就消散了。在倾诉期间，妈妈不需要插嘴，甚至不需要喋喋不休地指责孩子不该这样不该那样，只需耐心地听孩子倾诉自己的烦恼就行了，让孩子将心中的不高兴一吐为快。而孩子也因为获得了倾诉的机会，内心不再烦恼和压抑。

先认同感受，再适当给出意见

做个善解人意、少说多听的妈妈，会让孩子感受到妈妈的爱与体贴，并且学会体谅孩子，这是一种很棒的教育方式。在跟孩子沟通时，妈妈一定要先理解孩子的感受，并做出相应的回应，千万不要对孩子的感受无动于衷。

当然，有的妈妈会说："孩子不好好学习，说了也不听。我是为他好才说他的啊，别人谁管他！"妈妈的初心虽然是好的，所说的话、所做的事也的的确确是为孩子好，但你考虑过孩子的感受吗？孩子在表达自己的感受时，你有没有认同或回应过他的感受，并对他的感受进行分析呢？

孩子也需要被理解和"共情"，这也是妈妈与孩子交流最基本的起点。所以，当孩子表达自己的想法时，妈妈不妨先认真地听听孩子的话语和内心感受，并适当回应孩子"嗯，是的""是这样啊"；有些孩子因为年纪小，表达问题不清楚，妈妈也可以帮孩子理清他的思路，甚至帮他表述出自己的感受。当孩子听到妈妈的这些话语时，心里会很高兴的，因为他们知道妈妈已经理解了他要表达的意思和他的内心感受。一旦妈妈拥有了对孩子的理解，就等于拥有了开启孩子内心世界的金钥匙，接下来再适当给孩子提一些意见或要求，孩子也就不会那么抗拒了。

相反，如果孩子刚张开嘴说话，如："我不喜欢语文老师，今天他批评我了……"妈妈立刻打断孩子："老师批评你，肯定是你做得不对，不然怎么没批评别人，就批评你呢？"孩子一听妈妈这么说，很可能会为自己辩护，或对妈妈的话进行反驳，来表述自己被批评并不是因为自己做错事，而且心里也会很不高兴。如果妈妈说："嗯，被批评了，心里很难受吧？"然后再让孩子说说到底是怎么回事。孩子获得了妈妈的情感认同，也愿意跟妈妈说明事情原委，甚至还会主动表明自己错在了哪里。

其实，孩子只是希望妈妈能耐心地听听自己的感受，这样孩子心里就会很满足了。

第五节 如何面对孩子的负面情绪

情绪是什么？

情绪是一种能量，有正面的，还有负面的。正面情绪可以激发人的热情、活力，使人身心健康；负面情绪则会使人悲伤、愤怒、恐惧，影响人的身心健康。我们都喜欢正面情绪，对负面情绪往往会采取逃避或否认的方式。因此，不少妈妈在面对孩子生气、发怒、哭闹、恐惧等负面情绪时，总是想马上制止或回避这种情绪："不许哭！""不许生气！""胆小鬼，给我勇敢点！"尤其是对男孩子，更加不允许孩子表现出哭泣、胆怯等情绪，以为这样是在锻炼他的勇气和胆量："男孩子，哭哭啼啼像什么样子！"

其实，当妈妈们这样做的时候，就已经深深地伤了孩子的心，因为你忘记了：孩子也是有情绪的。当他的边界被侵犯后，他需要用哭闹、生气等方式来把这种负面情绪表达出来，这是他的情绪体验发育的需要。如果你强行制止他，不允许他把这种坏情绪发泄出来，这个情绪就会被他压抑在心底。当负面情绪越积越多后，孩子就容易偏离正轨，甚至造成无法挽回的后果。

近几年，中学学生自杀事件越来越多，相信妈妈们也都有关注。据某教委的一项调查显示，在被调查的 2500 名中学学生取样中，有将近 6% 的孩子曾有过自杀的计划，有 34% 的孩子曾有过一闪而过的自杀想法。

更加不容乐观的是，绝大多数孩子都有不同程度的心理问题。有的孩子沉溺于网络世界，借助于虚拟世界内的厮杀来排解内心的苦闷；有的孩子会用虐待小动物、损坏公共设施、欺负同学等方式，来发泄和释放内心的压力。

孩子的情绪无处发泄，很大的原因就在于父母不重视孩子的情绪，或者说不懂得怎样去帮助孩子释放他的负面情绪。尤其是身处现在这个竞争异常激烈的社会中，父母几乎把所有的期望和精力都投入到孩子的学习当中了，希望孩子学习好、有特长，将来能有出息、出人头地。至于孩子有没有负面情绪，根本不重要："现在的孩子有这么好的条件，不好好学习，天天瞎寻思啥？""父母起早贪黑地辛苦工作，不都是为了孩子？他们还有什么不满的？"……这些话相信很多孩子都听过，似乎父母为他们付出了许多。可也正因为这"许多"，就像一座座小山一样，压在孩子的胸口，令其喘不过气来。再加上父母的紧张焦虑，更令原本已不堪重负的脆弱心灵雪上加霜。

孩子年龄小，父母是他们最大的依靠和最可信任的人，所以一旦产生负面情绪，他们最想得到的就是父母的帮助，希望父母能安慰自己，帮助自己疏导情绪。可父母眼里只有成绩，很少会在乎孩子心里想什么。孩子稍微流露出一点不好的情绪，也立刻被父母制止了。而且在孩子遇到问题时，父母也往往会直接去处理问题，很少会想着去处理孩子的情绪。久而久之，孩子的内心也会积压越来越多的负面情绪。这样的孩子，一旦遇到"导火索"，就可能出现情绪失控现象。那么，妈妈要怎样面对孩子的负面情绪，又该怎样帮孩子处理他的负面情绪呢？

允许并接纳孩子的负面情绪

孩子和爸爸妈妈们一样，在生活中也会遇到挫折，产生负面情绪。比如考试不及格了，跟自己的好朋友闹翻了，在学校受到不公平的待遇了，等等，都会让他们郁郁寡欢，或悲伤或愤怒，抑或是无理取闹，这都正常。

当孩子带着这样的情绪回到家，希望得到妈妈的理解和安慰时，结果得到的却是妈妈的否定和斥责：

"你这数学是怎么考的？怎么又不及格？"

"人家为什么不理你了？肯定是你惹到人家了吧！"

"不就被老师批评两句吗？回到家撒泼给谁看？越来越不懂事了！"

……

其实，孩子流露出负面情绪，往往是孩子的一种正常的表达方式。如果妈妈不理解，也就不懂得尊重孩子的情绪，回应给孩子的也只会是更加负面的否定和指责。这样不但不能缓解孩子的负面情绪，还会令孩子的压抑感增加，使孩子形成更严重的自我否定。因为面对愤怒的妈妈，孩子不仅要承受自己的负面情绪，而且还要面对妈妈的负面情绪，这种双重负担对于一个孩子来说是件很糟糕的事。

因此，在面对孩子的负面情绪时，妈妈首先要冷静，控制住自己想再次否定孩子的念头，然后温柔地与孩子讲话；或者通过靠近他、抱抱他等身体上的亲密接触来安抚孩子，让当下的气氛缓和下来，让孩子感受到妈妈的理解与关怀。等孩子情绪稳定下来后，再慢慢帮孩子梳理情绪。

比如，孩子回到家后，因为考试成绩不好而闹情绪，妈妈就可以这样说："这次考试很重要，你没能考好，所以很难过是吗？"孩子听妈妈这么说，知道妈妈是理解自己的，心里也会稍微好受些。

妈妈再接着说："妈妈像你这么大时，考试成绩不好时也会很难过，所以特别理解你现在的感受。你感到难过，说明你很重视自己的学习，也希望获得更好的成绩，这让妈妈感到很欣慰。"这样的话既与孩子形成了共情，也表达了对孩子这次没能取得成绩的理解，同时又肯定了孩子对学习的重视。这种理解和鼓励，往往是缓解孩子负面情绪的最佳良药，远比指责、打骂的效果好无数倍！

帮助孩子合理释放他的负面情绪

有个朋友的女儿，从上幼儿园起就一直是个很有人缘的孩子，也很开朗，但从小学二年级开始，经常闹情绪，而且脾气很大，动不动就回家说跟这个同学吵架了，跟那个同学闹矛盾了。妈妈批评她几句，她就哭闹个不停，说再也不想上学了。有好几次，她还被同学家长找上门来，说她动手打人。

朋友很奇怪，女儿为什么变成这样了？女儿原本年龄就比别的孩子小，个子也比较矮小，性格一向很开朗温和，自己曾经还担心孩子被别人欺负呢，现在怎么反而总是先动手打人呢？

后来她不再批评女儿，而是慢慢跟女儿谈心。一开始女儿说不清楚，最后女儿忽然崩溃地冒出一句："他们总是排斥我！他们总嫌我小，他们玩的游戏我也不懂……"

为证明女儿的话，朋友还专门去学校偷偷观察了几次，这才体会到女儿的情绪从何而来。班里的孩子个子都比女儿高，加上女儿年龄本来也比其他孩子小，心智不如其他孩子成熟，所以同学总觉得她幼稚。而女儿为了证明自己和其他孩子一样，总是试图让同学听从自己的安排，但又控制不了，所以冲突也不可避免地时常发生。因此，女儿的心里总是特别委屈、愤怒，这时就会动手打人。

为了帮孩子缓解这种不良情绪，朋友先通过给孩子读名人伟人故事的方式，让孩子认识什么是真正的弱小和强大，告诉孩子：个子小并不代表弱小，并鼓励她学会清晰地表达自己的意见和感受，同时也要认识到不能控制别人的道理，因为任何人都有自己的想法和主张。为了增加孩子与同学之间的交流，她还在周末邀请班里几个与女儿玩得还可以的孩子来家里做客，请他们稍微帮助女儿一下。

慢慢地，孩子与同学之间的交流变得顺畅多了，孩子的负面情绪也越来越少了。

事实上，妈妈只需明白：如果想帮助孩子消除他的委屈和怒气，释放他的负面情绪，只需简单地承认孩子的情绪，而不是迫使孩子放弃他的负面情绪。当你用合理的方法帮孩子释放掉那些情绪后，也就能帮孩子很好地控制情绪。

引导孩子用正确的方式释放压力和负面情绪

有些孩子一闹情绪就摔东西、打人、哭闹，很多妈妈是受不了孩子这样发脾气的。但如果孩子的坏情绪不发泄出来，又不利于他的身心健康。怎么办呢？

其实你可以引导他使用正确的方式来释放压力和负面情绪。如果孩子年龄小，遇到困难时可能会用哭泣来作为发泄方式，那么妈妈不妨不要制止孩子，让孩子尽情地哭一会儿好了，这样可以释放他的坏情绪。

孩子大一些后，我们可以引导孩子通过运动等方式来释放情绪，如跑步、打球、游泳等。当孩子的身心全部参与到这些运动之中后，内心的苦闷、愤怒也会随之逐渐地发泄出来。也可鼓励孩子写日记，在日记中写出自己的苦闷、烦恼，把不良情绪"赠给"日记本朋友。

有些时候，妈妈还可引导孩子学会把自己的负面情绪转化为正面情绪，其中一个非常有效的方法就是借助想象来满足孩子的期望。比如，孩子被自己最好的朋友误会了，这让孩子很伤心。妈妈知道后，就让孩子想象一下：如果有一台机器猫的时空穿梭机，带着你的好朋友去寻找事情的真相，误会就消除了！通过这样有趣的想象鼓励孩子，让孩子从负面情绪中走出来。当孩子的情绪变好后，妈妈再引导孩子寻找更有效的办法来解决实际问题。比如，要消除好朋友的误会，是否可以找个"中间人"来帮忙？能不能给他写一封信，说明真相？以这种方式，锻炼孩子解决问题的能力。

简单地说，在面对孩子的负面情绪时，妈妈可以否定孩子的行为，但一定不要否定他的情绪。处理问题前，先处理好孩子的情绪，有时孩子的坏情绪释放后，问题可能自然就解决了。

第六节　批评孩子也要讲究艺术性

孩子在成长过程中，犯错误是不可避免的。但犯错不是坏事，而是孩子吸取教训和成长进步的重要途径。当孩子犯错时，妈妈的批评是不可或缺的教育方式。

但是，作为一个独立的、有自尊的个体，妈妈在批评孩子时，也需要讲究一定的艺术性和技巧性，这样对纠正孩子的错误才会有积极的促进作用。相反，缺乏艺术性和技巧的批评是可怕的，尤其是那种粗暴的、非打即骂的批评方式，给孩子造成的伤害远远大于帮助。

8 岁的小唯和妈妈一起去超市购物，回来的路上，小唯想帮妈妈提购物袋，但袋里的东西有点重，里面还有一瓶玻璃瓶装的酱油。妈妈觉得小唯可能提不动，就提醒他说："要不我们俩一起提吧，我担心你提不动，把东西摔烂了。"但小唯很想帮妈妈的忙，就坚持自己提。结果走着走着，脚下一个趔趄，小唯连同手里的袋子一起摔倒在地上，袋子里的酱油瓶也被摔碎了，酱油撒了一地。妈妈一看，不禁火上心头，在马路上就大声训斥小唯："说你拿不动拿不动，还非逞能，你看看这弄得，连里面的东西都弄脏了！"小唯原本想帮帮妈妈，结果现在弄巧成拙，还被妈妈批评了一顿，惹得路人一直看自己。小唯羞愧地低着头一声不吭，难过得眼泪都快流出来了。

6岁的依依即将上幼儿园大班了。开学这天，幼儿园要求孩子们都穿校服，但依依喜欢穿自己漂亮的裙子，不喜欢校服，说什么都不肯穿。妈妈没办法，只好把校服偷偷塞到依依的书包里。等妈妈带着依依来到幼儿园时，看到所有孩子都整整齐齐的穿着校服，而依依鲜艳的裙子显得格格不入。依依有些后悔了，对妈妈说："妈妈，我应该听你的话穿校服。现在大家都穿校服，我穿裙子，大家会笑我的！要不，咱们回家吧！"妈妈知道了依依的心思，不但没有训斥她，而且从书包里拿出校服说："妈妈想过你来到幼儿园后可能会改变主意，所以把校服给你带来了，要不要到教室里换上？"依依一看到校服，脸上立刻多云转晴，拉着妈妈的手高兴地说："妈妈，你真好！""但是下次，你可不能这么不听话了哦！"此后一到幼儿园要求穿校服的日子，妈妈都不用再操心依依穿不穿校服的事。

以上两位妈妈，在面对孩子犯错这件事上有着截然不同的态度，一个是当街批评孩子，让孩子既难堪又伤心；一个是用简单的一句话和实际行动帮助孩子纠正了错误，让孩子吸取了教训。至于后果，就是小唯恐怕再也不想帮妈妈提东西了，而依依却很自觉地按照幼儿园的规定穿校服了。不同的处理方式，引发不同的后果，试想一下，如果你是其中一位妈妈，会怎么处理孩子犯错这件事呢？

孩子年纪小，心智尚未健全，又缺乏生活经验，犯错误是再正常不过的事了。但妈妈的态度和处理方法，却决定了孩子事后是否能心甘情愿地吸取教训，改正错误。

不要当众批评孩子，让孩子难堪

妈妈们对自己的自尊心一般都很敏感，不喜欢被人当众批评。然而当孩子犯错后，一些妈妈完全不顾及孩子的面子，当众就批评指责孩子，甚至认为："小孩子懂什么面子不面子的！"

如果你也这么想，并且这么做过，那就大错特错了。孩子虽然年纪小，但同样有自尊心和羞愧感，被妈妈在大庭广众之下批评时，他的自尊心同样会受到伤害。也许大人们认为小孩子被批评、被数落是很正常的事，哪怕是在一旁看到了，也不会在意。但孩子不这么想，他会感到很羞愧，会想"一定是我不够好，大家都在嘲笑我"。如果是在孩子的伙伴面前批评他，还会让孩子感到自卑，在小伙伴面前抬不起头，甚至引发孩子的抵触情绪，让孩子觉得自己以后都没脸见这些小伙伴了。

当众批评、责骂孩子，其实就像是在告诉大家："看啊，我的孩子多么糟糕！"这是在宣扬孩子的错误，更是在摧毁孩子的自尊。所以，聪明的妈妈在面对孩子的错误时，即使想批评孩子，纠正孩子的错误，也会在私下进行，给孩子留足颜面。英国教育家洛克曾经说过："父母不宣扬子女的过错，则子女对自己的名誉就越看重，他们觉得自己是有名誉的人，因而更会小心地去维持别人对自己的好评；若是父母当众宣布他们的过失，使其无地自容，他们就会失望，而制裁他们的工具也就没有了，他们越觉得自己的名誉受到了打击，设法维持别人的好评的心思也就越发淡薄。"

那么，孩子在大庭广众之下犯了错，且又必须马上纠正时，妈妈难道要袖手旁观吗？当然不是，你可以试着用眼神、手势等向孩子暗示，让他知道他的行为是错误的，是妈妈不能接受的；也可以用冷处理的方式让孩子自己去解决，等没人时再跟孩子谈；或者直接把孩子带到没人的地方，问清孩子犯错的原因，再进行教育。

批评的是孩子的行为，而不是他的人格

有些妈妈在面对孩子不好好学习或犯错后屡教不改时，往往会气急败坏地说出一些很难听的话，如："你就是个废物，什么用都没有！""你有没有脑子？跟你说过无数遍了，还是改不了！"这些话妈妈说出来后倒是痛快了，可对孩子的伤害却是十分严重的，孩子可能会因此而变得自卑、懦弱。要知道，妈妈是孩子在这个世界上最亲近的人，如果连妈妈都看不起、不信任自己，否定自己，那么孩子肯定就认定自己是最差的、最没用的。这种否定对孩子的打击几乎是毁灭性的。尤其是年幼的孩子，即使当时没表现出什么不良状况，也会对他们的人格造成极大伤害，对以后的成长产生潜在的危险。

我们经常会在网上看到一些新闻：某某地的一个孩子，因为被妈妈批评几句就自杀了。在感慨现在孩子心灵脆弱的同时，我们也应该反思一下，到底妈妈当时用了什么样的语言刺激了孩子，让孩子如此绝望，甚至会放弃自己宝贵的生命。任何人都是会犯错的，何况一个爱玩爱闹、对世界充满好奇的孩子呢？孩子犯错了，是他的行为失当，需要大人帮他纠正，但不代表他的人格有问题、有缺陷，所以诸如"自私""没用""龌龊""贪婪""霸道""无可救药"等贬义词，切忌在批评孩子时使用，这些都是有损孩子人格的词语。另外"你怎么越大越……""说过多少遍了，你还……""你已经不止一次犯同样的错误了，怎么就……""你看看人家谁谁，就不会……"之类的话，也不要用在孩子身上，因为这些话同样会伤害孩子的自尊心。

在批评孩子的行为时，妈妈可以用提醒、启发代替指责和训斥，如对孩子说："虽然这次犯错了，但妈妈相信你一定可以改正错误。"这就会让孩子产生努力改正错误的动力；再如可以对孩子说："做错了也没关系，慢慢来！"这样的话，用鼓励代替批评，不但能调整孩子的紧张情绪，还能让孩子对自己更有信心。

引导孩子努力弥补自己的过失

孩子阅历少，生活经验少，有时即使做错了事，可能也不知道到底错在了哪儿，该怎么纠正。这时，就需要妈妈耐心细致地告诉孩子错在什么地方，以及纠正错误的具体方法，从而引导孩子学会弥补自己的过失，下次不再犯同样的错误。

有位妈妈分享了自己和孩子的一件小事，对我们应该有所启发：

有一次，妈妈误删了电脑中的一个重要文件，自己坐在电脑前生闷气。

5岁的儿子宾果看到了，就走过来小心翼翼地问："妈妈，谁惹你生气了？"妈妈说："是我自己。"宾果很吃惊："你怎么会生自己的气呢？"妈妈对儿子的问话也感到很好奇，就问："难道你做错事时，不生自己的气吗？"儿子满不在乎地回答："不啊，我做错事时你都打过我了，我为什么还生气？"言外之意，妈妈打完后，这件事就算完了。

这句话开始让妈妈反思起来。是的，平时宾果做错事，妈妈说不了几句就会动手，以为揍一顿就能让孩子记住教训，不再犯同样的错。但妈妈忽略了一件事，就是没有给孩子反省和引导孩子改错的机会。孩子犯错，以为被妈妈打一顿就行了，根本没想过为什么会挨打，下次怎么做才不会错。事实上，事后也的确如妈妈所想的那样，孩子仍然经常在同一件事上犯错。

孩子毕竟是孩子，还没有能力很好地约束自己，我们不能总对孩子求全责备，而应帮他分析原因，并正确引导他努力弥补自己的过错。因此，从那以后，这位妈妈在儿子再犯错后，不再简单粗暴地揍一顿了，而是耐心地帮他分析为什么错了、错在哪里，该怎样弥补过失、改正错误。

有一天，爸爸给宾果买了一辆变形玩具车，宾果爱不释手，谁知一不小心摔坏了。这让宾果很伤心，眼泪汪汪地望着妈妈，生怕妈妈又训自己一顿。妈妈知道，宾果不是故意的，于是就蹲下来，接过宾果手中的车，说道："哎呀，变形车出车祸了吧？掉了一个轱辘！"宾果小声地说："妈妈，我是不小心才摔坏的。"妈妈说："我知道你不是故意的。来，我们一起给它修修吧！"宾果见妈妈没生气，心情一下放松了，急忙跑前跑后地帮妈妈找胶水，不一会儿两人就把车修好了。宾果接过车，小声地说："我一定要小心一点，千万不能让它再摔坏了！"

有些妈妈一看孩子犯了错，心里着急，就会批评甚至体罚孩子，想用这种方式帮助孩子记住教训，但效果并不好。其实我们应该让孩子知道，犯错后的批评和惩罚不是目的，改正错误、弥补过失才是最终目的，所以在批评处罚孩子后，妈妈还要及时告诉孩子如何纠正错误，弥补错误造成的损失，这往往要比批评和惩罚本身更重要。

第6章

**管得越少，
孩子会越好**

第一节　允许孩子自己去处理与伙伴的矛盾

孩子从进入小学开始，便逐渐迈入了人际交往的关键时期。在这个时期内，孩子之间的交往形式逐渐变成了三个一群、五个一伙的小团体，孩子们都在这个团体中互相学习、互相合作，形成一种愉快、默契的关系。同时，他们也逐渐学会关心伙伴，重视友谊，朋友和同学在他们的生活中成为越来越重要的角色。

可以说，迈入小学后，孩子的归属感逐渐从家庭向社会、向学校、向伙伴转移，并从中获得了友谊、支持和尊重，这也是孩子成长过程中必需的精神寄托。如果孩子不能融入到同龄的集体之中，经常被同龄集体孤立起来，那对他们的心理和精神都会造成极大的伤害。

不过，并不是所有的孩子都是天生的交际高手，或者应该说，大部分孩子在与同伴相处过程中都会发生各种矛盾。毕竟，在家里他们都是妈妈的掌上明珠，习惯了被宠爱、被呵护的感觉。一旦进入学校这个大集体当中，不仅学习任务加重，接触的孩子也越来越多，有时与同学发生矛盾和争执在所难免。比如，在班里被同学欺负了，被老师批评了，自己的好朋友忽然不理自己了，自己的文具被小朋友弄坏了……

出于本能，当孩子与伙伴发生矛盾时，他们可能会去寻求妈妈的帮助。在现实生活中，不少妈妈在面对孩子这些问题时，往往不知如何处理。有些妈妈就怕自己孩子吃亏，一旦孩子跟人闹矛盾了，还没等孩子求助呢，就立刻认定是对方的错，马上过去给自己的孩子"撑腰"。就像有个妈妈，带着自己6岁的儿子到游乐场玩，在玩滑梯时，孩子被一个小男孩推了一下，结果妈妈立刻火冒三丈，冲过去就把推人的小男孩拉到一边，大声呵斥："你这孩子怎么推人呢？推倒摔坏了你能负责吗？"没想到，这一切刚好被推人小男孩的妈妈在一旁看到了，见自己孩子被人欺负，也立刻跑过来理论。结果，两个妈妈发生了激烈的争吵，而两个孩子却呆呆地站在一旁，不知所措。

在这个例子中，妈妈因为不放心让孩子独自处理问题，常常想包办代替，帮助孩子解决冲突，结果不但没能帮孩子解决好问题，反而将矛盾扩大，形成孩子的交往障碍。

其实，孩子之间出现矛盾和争吵，也正是孩子学习如何处理人际关系的关键时期。正是这些矛盾，让孩子学会了观察和分析，有了学习与人交往的机会，并逐渐从中学会与同伴相处的技巧。如果孩子与其他伙伴始终和睦相处，没有矛盾冲突，反而缺少了这种锻炼机会。所以，明智的妈妈会将孩子之间的不愉快看成是正常之事，从而发现孩子与同伴之间冲突的教育价值，而不是以简单、粗暴的态度和方法处理问题，这样只会给孩子带来负面影响，不仅不利于孩子人际交往能力的发展，还容易让孩子养成骄傲、蛮横的个性。

鼓励孩子独立去处理与伙伴之间的矛盾

当妈妈发现孩子与伙伴之间出现矛盾了，先不要考虑自己孩子的得失，也不是急着去保护自己的孩子，或让自己的孩子在矛盾中获胜，而是应该先让孩子自己去试着处理矛盾。如果孩子和小伙伴之间只是拌几句嘴，或者推拉两把，互相之间都没当回事，不一会儿就又继续高兴地一起玩耍了，那妈妈就不需要干涉孩子。

如果孩子很伤心、很委屈，并且向妈妈来求助了，妈妈也不要着急，骂自己的孩子"没用",或起身就去质问对方,而是应先让孩子说清事情的来龙去脉,弄清事情的原委,再公正客观地帮孩子分析,看看在这件事上谁的错更多些,然后再鼓励孩子自己去化解矛盾。如果是孩子错了,可以建议孩子先向小伙伴道歉;如果是对方错了,可以建议孩子去跟对方说清,请对方不要再这样做。

如果孩子与伙伴之间出现了冲突,半天也无法解决,且两个孩子又都火药味十足时,妈妈便可以考虑出面协调,让孩子各自说说自己的理由,然后帮他们分析原因,再用一些有帮助性的问题来引导孩子解决当下的难题。

比如,两个小伙伴为了争夺玩秋千的机会发生了矛盾,那妈妈就可以引导孩子来解决这个难题。可以先让两个孩子停止争吵,互相心平气和地商量一下:"你玩5分钟就下来,接下来我再玩5分钟,这样就公平了。""那谁先来呢?""我们可以用'石头剪刀布'来决定,谁赢了,谁就先玩。"这样来引导,就能使两个孩子最后都可以接受,比争吵个没完,谁也不能玩更有效。而且孩子由此也能了解到别人的意思,同时也能知道自己哪些地方不对,还能知道以后再遇到类似的事情时该如何解决。

引导孩子学会站在对方的角度看问题

从孩子很小的时候开始,妈妈就应有意识地培养孩子的同理心,让孩子懂得"己所不欲,勿施于人"的道理,学会站在别人的角度看问题,遇到矛盾时,考虑一下对方的感受,懂得为对方着想,改变孩子"以自我为中心"的意识。

比如,家里来了小伙伴,想玩一玩孩子的玩具,但孩子不愿意,不许任何人碰他的玩具。这时很多妈妈会训斥孩子,强迫孩子跟小伙伴分享玩具,这种做法是不恰当的。聪明的妈妈会先与孩子沟通,引导孩子懂得分享的重要性。

妈妈可以这样跟孩子说:"那如果你去了你最好的朋友家里,她有很多漂亮的玩具，你想不想玩？"

大多数孩子对别人家的玩具都是没有抵抗力的，所以也会回答"想玩"。

"那你的朋友来到我们家，想玩玩你的玩具也很正常啊！这样，你下次到你的朋友家，他才愿意把玩具分给你玩。何况，很多玩具一个人玩多没意思啊，只有两个人合作，才能更有趣。"

大部分孩子在经过一番心理斗争后，都会选择和别人一起玩。当然，如果孩子没有被说服，那就用实际行动来让他明白：以后带他到别人家时，提前跟他说好，不允许玩人家的玩具，因为他的玩具都不肯让别人玩。渐渐孩子就能体会到，不让别人玩自己的玩具，他们一定也很不开心，就像自己不能玩别人的玩具一样。

妈妈只有通过日常生活中的这些小事慢慢引导孩子，才能让孩子逐渐学会尊重和感知他人的一些心理状态，然后学着用彼此都能接受的方式去做事。久而久之，孩子在面对与小伙伴的矛盾时，也能将自己置身于与对方平等的位置上，从而获得更多的认同和接纳。

教孩子学会处理自己的情绪

当孩子告诉你，他与某某发生冲突时，你首先要做的，就是尽可能地安抚孩子的情绪，引导孩子把自己的情绪说出来，然后再和孩子一起找出解决矛盾的办法。

有一天，7岁的穗穗回到家后，沮丧地对妈妈说："妈妈，我们班里的壮壮总是抢我的贴画，我可烦他了！"

妈妈听了女儿的话，没有直接说女儿"小气"，也没说壮壮"蛮横不懂事"，而是说："哦，是吗？他非要你最喜欢的贴画，你很不高兴吧？"

"是的。"

"你平时经常跟妈妈说起壮壮，其实你很喜欢这个小伙伴，就是不喜欢他抢你的贴画对吗？"

"对啊，因为这些贴画是我最喜欢的，我不想给他。"

"妈妈知道了,你还很想继续和他做朋友,但又不喜欢他总拿你的东西。那么,你想过没有,用什么方式能让他知道,这种行为是你不喜欢的呢?"

"我想直接跟他说,又怕他不肯理我……"

"哦,那我们就来想个办法,看看怎么说,他才更容易接受。"

接下来,母女二人便开始讨论怎么跟小伙伴说明这个问题,孩子原本的难过情绪也逐渐消散了。

面对孩子与小伙伴之间的矛盾,妈妈先要学会接纳孩子的情绪,不要用自己的价值观去评价这件事的对错。很多时候孩子只是希望妈妈做个耐心的倾听者,并不一定要妈妈帮他们"摆平"问题,最终他可能自己也会找到解决矛盾和冲突的方法。但通过妈妈的接纳、沟通和引导,孩子不但能释放掉自己的坏情绪,还能在与妈妈的沟通中渐渐理清思路,最后寻找到最好的解决途径。而这个过程,对提高孩子解决问题、化解冲突的思维能力是非常有帮助的。

第二节　孩子经常被欺负，妈妈该不该插手

　　3岁的小姚活泼好动，有一天，小姚在英语培训班上和一个小朋友一起玩游戏时，用脚踢到了这个小朋友的头，结果这一幕刚好被小朋友的妈妈看到了。这个被打小朋友的妈妈非常生气，就把小姚堵在教室里，然后当众拉着自己孩子的手，一起向小姚的头上、脸上打去，同时还在教育自己的孩子："你要这样打回去，懂吗？"由于这位妈妈当时的情绪很激动，小姚不但被回打了，还受到了惊吓，当晚哭闹着不敢睡觉。

　　孩子上幼儿园或小学后，接触的小伙伴越来越多，彼此之间难免会打打闹闹。有时为了抢一个玩具，可能会被对方推倒。有些比较顽皮的孩子，还动不动就喜欢打人，一些小朋友会因此而被打。许多妈妈看到自己的孩子被欺负后，都十分心疼，但妈妈们的处理方式却大有不同，有的妈妈说："算了，忍忍吧，下次见到他就躲远点。""你可以告诉老师啊，老师肯定会帮你处理的。"还有的妈妈会直接教孩子反抗："他打你，你就打回去啊！""你不敢打他，以后他就会专门欺负你！"

　　其实，人与人之间没有非"打"不可的交道，孩子之间也是。更多的时候，孩子之间出现一些矛盾都算不上什么大的矛盾，因为两个原本对立的孩子，有可能一转眼就又玩到一起了。但也有少数情况，孩子遇到的玩伴是个"小霸王"，就爱欺负人，自己的孩子多次被欺负。这时，妈妈就

不能袖手旁观了，因为你是孩子最可依赖的人，是他最坚强的后盾，你需要站出来，和他一起面对矛盾。

当孩子被欺负时，妈妈教孩子怎样做

虽然孩子们之间的交往大多都是没有恶意的，但有时也免不了会出现被其他孩子欺负的情况。现在的校园霸陵事件层出不穷，就说明孩子随时都有可能会被其他孩子欺负、嘲笑。

遇到这样的问题时，妈妈可教孩子用严肃的目光盯着对方，并严厉地说："你这样欺负人是不对的，希望你以后不要这样！"然后直接躲开，对对方不予理睬。如果对方就此退却了，父母大可不必追究；如果对方仍然不依不饶，这时妈妈可以再出面阻止。

其实对于爱玩爱闹的孩子来说，没有小朋友跟他一起玩，已经是一种很严重的"惩罚"了。有些孩子一出去玩就打人，结果其他小朋友每次看到他都躲得远远的，没人愿意和他玩，这就会令孩子很难受。所以，有时候如果能让孩子绕开、躲开欺负人的孩子，就暂时不必考虑动手还击。

那有些妈妈可能会担心：总让孩子躲开、绕开，一味地忍让，孩子会不会觉得委屈啊？会不会变成受气包啊？这就是我们要说的另一个话题，如果孩子已经绕开、躲开了，欺负人的孩子仍然不依不饶，特别是当孩子的人身安全和人格尊严受到伤害时，妈妈要挺身而出，有分寸地处理好矛盾，不要让事态扩大。

总之，对于孩子被欺负的现象，妈妈不必过于担心、忧虑，这是孩子成长过程中避免不了的经历，不到万不得已，妈妈尽量不插手孩子之间的矛盾。随着孩子年龄的增长、人际交往能力的提高，以及解决问题技能的增强，孩子会越来越少地与他人发生一些大的冲突，也会越来越有能力应付一些被人欺负等恶意的行为。而且，孩子在这个成长的过程中，也可以成功地与同龄人建立友谊，成为朋友。一些解决冲突能力较强的孩子，还能从冲突的伤害中迅速恢复过来,满血复活,懂得自己该做什么、如何去做,这样的孩子,将来的人生之路也会走得很从容,并从中获得更多的幸福和快乐。

第三节　不要利用大人的"智慧""套路"孩子

有一天，妈妈在帮13岁的女儿收拾衣柜时，从女儿的衣柜下面发现了两瓶白酒。妈妈很震惊：难道女儿会偷偷喝酒吗？女儿才13岁，肯定是跟外面的人学坏了，这可怎么办？

怀着忐忑不安的心情，终于等到了女儿放学，妈妈立刻把这两瓶酒拿到女儿面前，问道："这是什么？"

妈妈的语气中带着愤怒，而她这样问，也不过是为了让女儿"招供"并趁机教训女儿而提出的圈套问题。但这个问题却直接造成了她和女儿间的敌意和距离。

果然，女儿见状，不但没有认错，反而轻描淡写地说："好像是两瓶酒吧。"

妈妈见女儿这么不重视，更加生气，大声质问道："那你给我解释一下，这是怎么回事？"

女儿顿了顿，说："噢，我想起来了，这个是帮我一个朋友保管的。您不拿出来，我都快忘了。"

妈妈见女儿不承认，又讽刺地说："哟，是吗？是什么朋友，用得着让你帮忙藏酒？"

女儿见妈妈这个态度，也气愤地说："爱信不信，随便您！"说完就回了自己的房间，还重重地关上了门。

没能得到自己想要的答案，妈妈心里也很犯堵。但她知道，如果继续对女儿"穷追猛打"，两人肯定要发生一场争吵，这更不是她想要的结果。她原打算假装不知道这是什么，让女儿自己承认，然后借此教训女儿一顿，谁知女儿不但没承认，还一副无所谓的样子，简直让人不能容忍！那么接下来该怎么收场呢？

妈妈后来自己想了想，之所以这么着急，是因为害怕女儿学坏，是想表达自己对女儿的关心和爱。可由于自己的"设套"，使自己和女儿僵持住了，不但使自己对女儿的关心和爱没有表达出来，连沟通都无法继续了。想来想去，妈妈决定改变自己的沟通方式。

第二天下午，当女儿放学回来时，妈妈用温和的口吻对女儿说："我们可以聊聊吗？"

"聊什么？"女儿看了妈妈一眼，略带冷漠地说。

"昨天晚上因为那两瓶酒的事，我向你大喊大叫，你一定觉得妈妈不关心你吧？"

女儿感觉自己获得了妈妈的理解，眼泪一下就流出来了："我觉得您不相信我，好像我说什么都是假的，就只会让您生气。其实那两瓶酒真是帮朋友保存的，那是她用自己攒的零花钱给她爸爸买的，说要等她爸爸过生日时，给她爸爸一个惊喜。但是放在家里怕被发现，就让我帮她先保存着。"

妈妈见状，知道自己误会女儿了，忙说："那你昨天为什么不直接告诉我呢？"

"我说了有用吗？您不就认定那酒是我的吗？我当时解释什么，您能听进去？"

女儿说得没错，妈妈当时确实认定酒就是女儿偷偷藏的，为此还故意"下套"，想让女儿承认。如果女儿当时解释，妈妈恐怕也是不相信的。

其实在很多时候，我们在跟孩子沟通时都是带着"套路"的，没有做到真正坦坦荡荡地去跟孩子沟通。我们总以为自己的智商比孩子高，可以

"套"出孩子的真心话。让孩子说真心话没错，但如果你的目的是借此教训、批评孩子一顿，再将自己的观点强加给孩子，那就不合适了。

鼓励并充分尊重孩子的见解

妈妈们应该回想一下，自己是否过多地剥夺了孩子的话语权和选择权，使孩子没有权利去做自己喜欢的事，没有权利去挑选自己的喜欢的朋友和书籍，没有权利发表自己的意见和看法，甚至没有权利去选择自己的人生。虽然妈妈们口口声声说是"为了孩子好"，但孩子的某些思想、做法却没有获得尊重。妈妈们也总是利用自己的所谓"智慧"，去给孩子"下套"，做一些不尊重孩子的行为，更别提尊重孩子的观点和见解了。

比如，孩子想买一个自己心仪很久的玩具，妈妈对孩子说："如果你下次考试进入前十名，我就奖励给你。"而一旦孩子真的考入了前十名，拿着成绩单要妈妈兑现诺言时，妈妈又说："你虽然总成绩进了前十名，可你的数学这次考得太差，分数都在三十名之后了。所以这次不能算。"

这样的结果孩子肯定是无法接受的：明明说好的，成绩在前十名内就有奖励，现在却变成了每科成绩都要在前十名之内，这明显是妈妈的"套路"啊！可妈妈不管孩子是否接受，就要按照这个结果来，这样一来，彼此之间便出现了矛盾。孩子觉得妈妈不守信用，妈妈却认为自己这样是为了激励孩子更加努力，下次考试让每科成绩都跃入前十名。

看似妈妈是"为孩子好"，却不知道这样的行为是很不尊重孩子的。站在成人的角度，一个玩具也许没什么；可站在孩子的角度，那个他心心念念好久的玩具，却因为妈妈的不诚信而没有了，以后孩子又怎么能再相信妈妈的承诺，再有动力继续努力呢？

孩子年龄小，生活经验有限，有时可能判断不出妈妈的话中是否还有别的话没说，但这并不等于说，妈妈可以忽略他们的思想和意愿，强行把自己的观点加给孩子。如果你想让孩子以后成长为一个独立的、有思想的人，那么平时就要把孩子当成一个独立的人来进行沟通，充分尊重孩子的思想和见解。

不要给孩子设置"圈套问题"

日常生活中，妈妈注意不要经常问孩子一些"圈套式"问题。什么是"圈套式"问题？就是你明明知道答案，却故意去问孩子，让孩子来回答的问题。比如，妈妈已经看到孩子的房间里乱糟糟的，却明知故问："你收拾房间了吗？"明知道孩子放学后一直在玩，没有写作业，也要问："你写完作业没？"

这些问题看似平常，但却容易让孩子反感，甚至为了哄骗父母而撒谎。他可能会回答"我收拾了""我已经写完作业了"，而你明明知道，他没有做到这些，所以不管他的回答是什么，肯定都会让你恼火，接下来你也可能会对他一通指责、批评："我明明看到你的房间乱糟糟的，你还说你收拾了？""你放学回来就一直在玩，你什么时候写的作业？拿出来我看看！"再接下来，你和孩子之间可能就是一场"战争"。孩子会很生气："妈妈明知道我没做，还那么问我，一看就是故意让我难堪！"或者"妈妈管得太多了，我不就玩了一会儿吗？她就没完没了地唠叨！"孩子也许在被揭穿和被批评后，不得不去收拾房间、写作业，内心很是不情愿。

其实你可以完全摒弃这种"圈套式"的问题，改为建议式的问话："我注意到你好像没有打扫房间哦，是不是应该打扫一下？"或"是不是到了该写作业的时间了？再玩 5 分钟，就写作业好吗？"这样的问话是在专注于解决问题，而不是责备孩子，同时也给了孩子自主选择的机会。多数情况下，孩子面对这样的问题都不会拒绝，而是会顺应妈妈的引导，去完成自己该完成的事。

多给孩子一些信任和空间

妈妈对孩子的爱，毋庸置疑，但也有很多妈妈，打着"爱孩子"的幌子，想尽办法地对孩子进行控制，为此，她们总是按照自己的意志去管理孩子，剥夺孩子的独立性。这一行为的背后，其实是对孩子有一天会脱离自己管束的恐惧和不信任。在教育上，这恰恰是"反面的爱"，所以也是违反教育规则的，会阻碍孩子正常潜能和独立性的发展，剥夺了孩子亲身体验生活的权利，令孩子变得自卑、依赖、缺乏主见等。

爱是给孩子自由，培养孩子的独立性，其基础和前提都是要信任孩子，给予孩子一定的空间，让孩子能够拥有独立的思想。可现在越来越多的孩子，在物质上获得的很多，自由、信任和空间却很少，其原因就在于家长认为孩子还小，不能独立完成一些事情，必须有家长的监督和保护。小到穿衣吃饭，大到学习择校，都不相信孩子能做好，都要孩子按照大人的要求进行。对于孩子犯的错，更是不能理解和容忍，甚至不愿去弄清孩子为什么会犯错，只关注于孩子眼前的对错。为了让孩子认错改正，绞尽脑汁，设下圈套，目的就是让孩子承认自己做错了。

这些强制性的行为，对孩子来说都是一种压制，对孩子的成长十分不利。所以，请妈妈们对孩子多寄予一些信任和空间，让他能够按照自己的规律成长。

第四节 适当放手，让孩子独立担当

现在社会上对部分成年人有一个称呼叫"巨婴"，妈妈们应该不陌生吧？指的是心理仍滞留在婴儿水平的成年人。婴儿小时候都无比地依赖妈妈，饿了要妈妈喂，冷了要妈妈帮穿衣服，困了要妈妈哄睡觉……但婴儿到了2岁以后，便开始跃跃欲试地想自己做一些事情，如要自己拿勺子吃饭，要自己穿衣服、穿鞋袜，这说明孩子的独立意识开始萌芽，想要通过自己的努力来完成一些事情。如果妈妈能抓住孩子这一敏感期的特点，耐心引导孩子，允许孩子去尝试，孩子就会由此开始慢慢学习各种生活技能，增强独立意识。相反，如果妈妈在照顾孩子时事无巨细，孩子不但会越来越懒，而且自立能力也会越来越差。

我们有时也能在网上看到一些新闻：某某学校的大学生，不会叠被子，不会洗衣服，每周都要把衣服寄回家，让妈妈洗干净了再寄过来；某某研究生、博士生毕业后，不出去找工作，在家啃老……这些事件，其实都在警示着妈妈们：养育孩子，一定不能"太勤劳"。正因为妈妈的"太勤劳"，才养育出那么多"太懒惰"的孩子。妈妈不肯放手，孩子又怎么能独立呢？孩子在成长过程中，必然要经历一些磨难，这也是成长的规律。如果没有这种体验，妈妈把一切都替孩子包办了，孩子看上去是顺利了、舒坦了，结果却因此而变得软弱、自私、胆怯。就像几米说的："大人一边嘲笑别人的孩子是温室中的花朵，一边又把自己的孩子培养成温室里的花朵。"妈妈什么事都管，什么事都帮孩子做了，孩子还能做什么？

真正对孩子负责的好妈妈，不会这样去爱孩子，而是会通过各种方式让孩子明白：不依赖别人，靠自己才是生存之道。从而让孩子真正做到"自己的事情自己负责"，这才是对孩子最好的锻炼。

培养孩子独立做事的兴趣

两位妈妈正在一起聊天，其中一个说："我女儿11岁了，可还不会自己洗衣服呢，也不愿意自己洗。现在又开始爱打扮了，每天都要换一身干净的衣服才去上学，脏衣服就塞进洗衣机等我洗。我和她爸爸平时上班也很忙，有时很晚才回到家，然后又是洗衣服又是辅导她学习，真是累死了！"

"你为什么不让她自己洗啊？用洗衣机很方便啊！"另一位妈妈显然对这位妈妈的做法很不解。

"啊，自己洗？太小了吧？才11岁啊！"

"什么叫'才'11岁，'已经'11岁了好吗？完全可以帮你做一些简单的家务了。我女儿今年刚7岁，自己的小袜子、小内裤都是自己洗的，而且还都是手洗，我发现她洗得很干净呢！"

"真能自己做吗？我怕她不行啊！"妈妈还有些忐忑。

"你可以让她试试啊，也许比你想象得好得多呢！"

果然，大约半个月后，两位妈妈又碰到了，上次还抱怨女儿不会洗衣服的妈妈高兴地说："上次听你的建议，我让女儿自己洗衣服。她开始也是不愿意，还是把脏衣服塞进洗衣机，但我没给她洗。过了三四天吧，她没干净衣服了，就问我要，我说你应该自己学着洗，用洗衣机多简单啊！她见指望不上我了，只好自己洗，结果洗完后跟我说：'妈妈，原来洗衣服也不难啊！您怎么不早点跟我说，早点说，我早就自己去洗了！'"

其实，孩子并不是不爱做家务，只不过是妈妈剥夺了他们做家务的机会。尤其是有些妈妈，总有一种偏见，认为孩子只要学习好就行了，至于生活技能，有也行，没有也无所谓，反正以后总能学会的。尤其是孩子到小学高年级后，学习任务逐渐加重，要是为了培养生活技能而耽误了学习，那不是得不偿失了？

这种观点听起来是为孩子的未来着想，但却是错误的。孩子独立做事的过程，其实正是孩子独立精神形成的过程，同时也是孩子学习知识、认识社会的途径。只有自己动手，独立地去完成一些事情，孩子才能体会到某些劳动的艰难、某些工作的技巧，以及完成后所带来的愉悦感和成就感。这些体验对于孩子的身心成长都是大有好处的，而这些好处又会反过来促进他们独立做事的积极性。

偶尔让孩子当一次家庭小主人

依赖性强、独立生活能力差，是当前我国儿童普通存在的问题。究其原因，大多归之于孩子属于"独生子女"，在家中备受宠爱。而在西方的一些国家，即便许多家庭都是独生子女，但父母对待孩子的态度却与我们截然相反。

有一位外国妈妈讲了这样一件事：有一天，她7岁的儿子凯文告诉她说，他准备把花园里种的南瓜卖给邻居，那个邻居问了他好几次了，并表示想买下这个南瓜。妈妈当时差点就出口制止凯文，因为那个南瓜很大，她早就想等南瓜熟了，可以给孩子们做一顿美味的南瓜馅饼的。但最终她还是没有反对，并对凯文说："那么你做主好了。"

几天后，凯文兴冲冲地跑回家，脸上带着灿烂的笑容，大声对我说："妈妈，我把那个南瓜卖掉了，挣了50美分。妈妈，这笔钱我可以存起来吗？还有，邻居家的山姆太太说我是个'有魄力的年轻人'。"

孩子年纪小时，正是品性形成与发展的重要时期，极具可塑性。而且孩子虽小，却也有着独立的人格，是家庭中的一员，所以妈妈应适当加以引导，允许孩子在家中做一些主，参与一些家庭事务。比如，全家人要出去旅行时，让孩子提一些意见；家里进行大扫除时，让孩子分担一部分清扫任务；家里要添置什么家具时，也允许孩子提提建议，如果建议不错，妈妈也不妨按照孩子的想法购置，增加孩子的主人翁意识。

孩子既需要有独立生活的能力，也需要具备独立思考的能力

独立的行为和精神是靠独立的思想来支撑的。因此在孩子的成长过程中，妈妈不但自己要认识到让孩子独立的重要性，同时也要让孩子认识到独立的重要性，并在生活中有意识地培养孩子的这种独立性。当孩子想自己做某件事，或对某件事表达自己的看法和观点时，不论对错，妈妈都不要急着去否定，而是鼓励孩子，给予孩子充分表达的机会，并让孩子说说他这么想的原因是什么。孩子遇到困难时，妈妈也不要急于出手相助，而是鼓励孩子自己思考，看看是否能找到解决困难的方法。如果孩子在思考后仍然没能解决难题，妈妈再间接地教孩子一些方法，然后再次鼓励孩子自己去体验，最终找出最佳的解决途径。

而当孩子通过自己的独立思考解决了一些难题后，妈妈的表扬一定不能省略，千万不能说"要不是我提醒你，你才不会呢""都是我帮你，你才完成的"一类的话语，打击孩子的积极性；而应说"多亏你这么想，才让问题得以解决""你这么做真不错，问题很快就解决了"，以此来增加孩子的自信心，让孩子在妈妈的赏识中获得良好的情感体验，这样，他才更乐于独立地面对成长过程中的各种问题，从而逐渐培养起独立自主的思维意识。

第五节　不控制，没有害怕就没有谎言

　　刚上二年级的莉莉，最近带回来好几个小红花，说是老师奖励给自己的。妈妈一看以前从没得过小红花的女儿，竟然连着三四天都得了小红花，非常高兴，还在别人面前夸奖了女儿。

　　周末家长会，妈妈满心欢喜，以为老师肯定会在家长会上表扬莉莉。可没想到的是，老师在会上并没有表扬莉莉，也没说莉莉得小红花的事儿，反而表扬了其他几个得小红花的孩子。而且妈妈发现，其他孩子得的小红花，跟莉莉拿回家的小红花也完全不一样。

　　原来，莉莉根本没得什么小红花，只是老师在班里教大家剪小红花时，她偷了几个塞到自己书包里，然后回家告诉妈妈，这是因为自己表现好而得的小红花。

　　知道真相后的妈妈非常生气，回家狠狠地揍了莉莉一顿，还质问莉莉："这么小的年纪，竟然学会撒谎了！说，为什么撒谎？"

　　"还不是因为你老是夸楼上的小姐姐，说她长得漂亮，又能唱歌跳舞，成绩还好，却从来不夸我！在你眼里，我哪儿都不好，我好怕你不喜欢我了！"莉莉委屈地哭着说。

　　"人家本来就比你优秀啊！何况，我原来是不是跟你说过，不许跟妈妈撒谎，你没记性吗？竟然还敢跟我撒谎！"妈妈仍然不依不饶地"教训"

女儿，丝毫没注意到女儿眼中的恐惧和悲伤。

面对孩子的说谎，很多妈妈都会不淡定，觉得孩子学坏了，必须马上纠正过来才行，但其实心理学家告诉我们，小孩子说谎并没有什么恶意。说谎是孩子认知成长表现的其中一个方面，表明孩子的思维发展到了一个新的阶段。要知道，说谎并不是件容易的事，孩子要学会分辨出不同信息的后果，并要判断哪种后果是妈妈不想看到的，哪怕这种后果对自己不利，还是要从其中挑选出最有利的一项去"冒险"。

学龄前的孩子，因为认知水平有限，所以即使说谎也是无关紧要的，不过是成长过程中的正常现象，妈妈不必过度关注。进入小学后，孩子的认知水平大大提高，同时也能理解说谎带来的后果。这个阶段，孩子如果说谎，多是因为对惩罚的恐惧。如果他们知道自己的行为不是妈妈希望的，而是会让妈妈非常生气，进而遭到严重的惩罚，通常就会用说谎来掩盖实情，以便让妈妈满意，自己能够逃避惩罚。

有研究发现，在经常采取控制和惩罚方式管教孩子的家庭，孩子说谎的比例更高。所以，如果你发现孩子频繁地出现说谎行为，马上要做的不是用更严厉的惩罚纠正他，而是应该反思一下：自己是不是对孩子的控制太多、要求太高了？孩子害怕达不到妈妈的要求，又怕遭到妈妈的惩罚，就可能会说谎。而孩子经常说谎，内心又会充满恐惧和不安，生怕哪次被妈妈发现了，遭到更加严厉的惩罚。久而久之，孩子说谎就可能成为习惯，甚至影响自我价值的认定，变得消极、自卑。

可见，孩子出现撒谎行为，多与父母的教育方式不当有关。作为孩子的第一任老师，妈妈在发现孩子有撒谎行为时，首先要认真反思一下自己，然后再采取相应的措施，帮助孩子纠正这一行为。

对孩子少些控制，鼓励孩子多些自控

许多妈妈原本认为，孩子小，必须随时掌控他的行为，不能让孩子犯错。而孩子一旦犯错，妈妈又认为对孩子进行惩罚是让孩子记住教训、下次不再犯错最有效的方法。但这样做的后果，就是妈妈和孩子都陷入了一个恶性怪圈：孩子因为害怕惩罚而说谎，妈妈为了制止孩子说谎而惩罚。

其实，妈妈与其千方百计控制孩子，不允许孩子犯错，不如适当放手，引导孩子学会自控。古代时，洪水泛滥，有个叫鲧的人，治理了几十年洪水，也没能成功。后来他的儿子禹继续治水，十几年后终于将肆虐的洪水制服了。原因何在？原因就在于：鲧只会堵而不会疏导，大禹却一改父亲的做法，改堵为疏导，最终将洪水"导之入海"。

妈妈对孩子的教育，与"大禹治水"的道理如出一辙。如果你只会"堵"，不许孩子这样，不让孩子那样，完全控制着孩子的生活，那孩子就会想办法反抗、挣脱；相反，如果你能顺应孩子的发展天性，允许他在一定的界限内自行决定做某些事，那么孩子即使偶尔"开个小差"，也不会太出格。

比如，对于孩子放学后要写作业这件事，妈妈可以这样和孩子约定：放学后时间可以自行安排，但当天的作业必须高质量地完成。这样孩子就算放学后在外面多玩了一会儿，心里想的也是玩完赶紧回家写作业，而不是回去怎么撒谎骗妈妈。孩子没有害怕，自然也不必绞尽脑汁地撒谎，还能在一定程度上锻炼自控力。

让孩子感到说真话的安全，而不是害怕被惩罚

在日常生活中，妈妈应让孩子明白说真话的好处是什么。有些妈妈感到不解：孩子本来就应该说真话，不应该撒谎啊！难道说真话还要"好处"？

其实，孩子要的"好处"比妈妈想象得简单多了。那就是当他鼓足勇气说了真话后，妈妈直接跳过了"惩罚"这一环，而是对他敢于说出真相的行为给予表扬和鼓励，那么下次孩子可能就不会费尽心思地想着怎么跟妈妈撒谎了。反正说真话也不会被惩罚，为什么还要绞尽脑汁去撒谎呢？何况孩子自己也知道，撒谎是不好的行为，没有孩子真正愿意"拥有"这个不好的行为。

有位妈妈讲了一个自己在处理孩子撒谎行为时所采取的措施：

周日，妈妈正在洗衣服，忽然听到外面"哐当"一声，像是什么东西被打碎了。妈妈连忙跑出来看，结果发现茶几上的一个玻璃水壶掉在地上，已经摔得粉碎了。而女儿正坐在对面的沙发上，一脸慌乱。妈妈知道，水壶肯定是女儿打碎的，但她没有马上指责女儿，而是问道："水壶是怎么掉地上的？"

女儿却假装无辜地说："刚才咪咪跳上茶几，把水壶给碰掉地上了。"

咪咪是家里的一只猫，可妈妈发现咪咪正躺在沙发上睡得正香。显然，咪咪不会伪装得这么好。

妈妈仍然没有戳破女儿的谎言，而是平静地说："宝贝，我保证不对你发脾气。你现在想一想，然后再告诉我到底发生了什么。"

不一会儿，女儿主动向妈妈承认了自己的过失。妈妈也如自己许诺的没有，没有责骂女儿，但要求女儿自己把地上的碎玻璃打扫干净，并将女儿当天看电视的时间减少一半。不过，妈妈一直强调，她看到了女儿的诚实，并对女儿的这一品质表示非常骄傲和欣赏，晚上还跟爸爸分享了女儿敢于承认错误的行为。

通过这种方式，妈妈是在向女儿传递一个信息：有时做错了事，说出真相虽然很难，但只要勇敢说出来，自己和别人都会因为你的诚实行为而感到欣慰。虽然孩子说出真相后，可能也会面临一定的惩罚，但如果这一惩罚是建立在尊重孩子的前提下，妈妈针对孩子所犯的错误进行的教育和管理，那么孩子也会乐于接受，而且也会更加理解诚实的重要。

其实，孩子之所以敢在犯错后说出真相，完全是由于他们不担心妈妈会过度的指责、惩罚他们，或者做出什么有失公允的判断。越是对孩子不控制、能共情的妈妈，往往越能教育出不说谎的孩子。

第 7 章

美育,是不教而教的艺术

第一节　美育，让孩子的人格完整、灵魂自由

美育是 18 世纪德国古典文学和古典美学最重要的代表人物之一席勒创造出来的一个名词。席勒认为，在人性分裂和异化的时代，审美可以帮助人性恢复完整，能够在道德伦理的国度实现主体受动性与能动性的统一，使人获得内在与外在的自由。

著名教育家蔡元培先生也曾提倡过美育教育，他曾说过："美育是最重要、最基础的人生观教育。"认为美育从根本上讲是一种人格的提升，美育的过程也是人格境界不断提升的过程。

现在，每个孩子从一出生开始，就被倾注了无数的关爱与期望。妈妈们都希望自己的孩子能够健康、快乐、全面地成长。那么，什么样的成长才算是"全面"呢？

相信妈妈们应该还记得我们小时候常说的"德、智、体、美、劳"全面发展，那么你知道其中的"美"指的是什么吗？其实"美"就是指审美能力。所以，美育也是"全面"发展中非常重要的一个环节。它不仅是促进孩子未来人格完善和生命和谐的手段，更是实现灵魂自由和生命美好的有效路径。

有些妈妈可能会说："我也很重视孩子的审美培养啊，你看我不是给孩子报了好几个兴趣班吗？美术的、音乐的，我一个都没落下，花了不少

钱呢！"

的确，现在的妈妈为了孩子都很拼，出手也很大方，但妈妈们给孩子报的那些美术课、音乐课等，并不是我们这里所强调的美育教育，只能算是一种普通的艺术教育，让孩子的身上多一项技艺而已。

美育是一种不教而教的艺术。所谓"不教"，是因为追求美、享受美是人的一种天性，不需要通过专门的"传道授业"来达到美育的目的。为孩子提供合适的氛围、美好的环境，就能让孩子获得很好的熏陶，从而在潜移默化之中提高对美的体验、感知和鉴别。也就是说，美育是一种润物细无声的教育，从这个角度来说，它不仅限于艺术，还有世间各种各样的美好。

从大的方面来说，美育可以让孩子的人格获得完善、灵魂获得自由，而从具体的方面来说，美育对孩子还有以下几点好处：

提高孩子的幸福指数，让孩子的生活更有情趣

有位妈妈曾回忆说，自己在小学时，有一次在学校组织郊游，她在外面采了许多漂亮的野花，小心翼翼地一路抱回家，然后用水瓶装上水，把小花插到里面，摆在自己的书桌上，一边写作业一边欣赏。晚上妈妈下班后，看到了这瓶花，立刻呵斥她一顿："你弄这些东西放在桌子上，还能专心学习？天天不好好学习，就知道臭美，马上给我扔出去！"

这件事让她的印象特别深刻，也让她至今都困惑不已：为什么人们追求功利物质的东西，要远远大于热爱美好的生活本身？后来自己当了妈妈后，对这件事仍然记忆犹新，并以此作为警戒，绝对不限制孩子对美的追求，所以她平时在带女儿出去散步时，当女儿发现了什么好看的、好玩的东西，她都会很耐心地和女儿一起欣赏。在家的时候，她还鼓励女儿自己布置房间，自己种一些花草，从小就引导女儿去发现美好的东西，并尽情地享受其中。

我们一直都在强调人生的幸福，也希望孩子一生都幸福，那么在人生

幸福的组成部分中，是否也应该有关于美的享受呢？孩子天生就有一双能够发现美的眼睛：书中的一幅画、路边的一朵小花、一首好听的歌曲、一部有趣的电影，甚至是孩子自己动手做的一顿吃起来并不美味的"美食"，都会让孩子的生活充满快乐和幸福，孩子自己也会享受其中，乐此不疲。相对于你为孩子买的高价玩具、报的高价兴趣班，这些反而更容易让孩子体会到愉悦和放松。作为一直希望孩子幸福快乐的妈妈，怎么能不保护好孩子的这种天性和爱好呢？

让孩子的思维更加完善

如果孩子的审美能力较高，思维水平活跃，那么在看到或听到一些事物时，自然而然地就会激发想象、直觉、灵感、猜测。而这些思维方式，与那些程序化的理性思维方式是相辅相成的，两者有机地结合起来，才可以更加完美的理解事物，从而产生更多的新奇的思想火花。

使孩子变得更加自信、自律

有一部法国音乐电影，叫《放牛班的春天》。故事讲的是一位名叫马修的老师，来到一所被称作"池塘之底"的学校任教。据说这里的学生都"无药可救"，大部分都是十分难缠的问题儿童，有些学生甚至患有严重的心理问题。马修来到学校后，并没有像以往的老师那样，对孩子们进行没完没了的体罚。他创作了一些音乐作品，还组成合唱团，打算用音乐来打开孩子们封闭的心灵。在这个过程中，马修还发掘了一个"问题"儿童的音乐天赋，让这个孩子一改往日的自卑孤僻，长大后成了一名首屈一指的大音乐家。

这部电影其实要告诉我们的就是，如果一个孩子从小就缺少自我认同和自我定位，就容易出现一些行为问题，如自卑敏感、自暴自弃。而美育，除了可以给人带来精神上的愉悦外，还可以培养孩子的自信、自律和自控力。试想一下，当孩子在合着节拍唱歌时，是不是要遵守音乐的节律？当孩子有目的地完成一部美术作品时，是不是要遵循作品内容的要求？同时在这个过程中，孩子还要学会如何与人和谐相处、互帮互助，以完成共同的艺术目标，这样便自然而然地促进了孩子的归属感和责任感，让孩子获得了积极的情感体验，激发了正向的行为，从而逐渐变得自信、自律。

总之，不是每个孩子都需要当艺术家，但每个孩子都应该接受良好的美育启蒙教育，因为美育不但可以提高孩子的审美能力和生活品味，更是帮孩子打开看世界的一扇窗口。有了对美的感知和体会，孩子在任何时候都会从内心产生欢喜，从而摆脱低俗与乏味，体会生命的美好。

第二节　别让孩子成为美盲

有位朋友，来自于一座小城市，是一枚标准的理科女，从小到大都没怎么接触过艺术。其实她年轻时也曾尝试着学过舞蹈、吉他等，但发现这些跟自己想象得完全不同——单纯的技能学习，完全是枯燥无味的，让人忍不住想要逃离。后来工作后，这位朋友也有机会走出了国门，参观了一些世界著名的博物馆、艺术馆等，也听了一些所谓高雅的音乐会，可她发现，除了觉得新鲜、好看，她根本无法理解和欣赏这些艺术作品，更别提享受这个过程了。

其实我们身边有很多这样的人，甚至包括你我。如果你注意到一些参观博物馆的游客，会发现大家说的最多的话通常是："这个是真的吗？""这个看起来很贵啊，肯定很值钱吧！"而这些物品、展品之中真正的美，人们并没有理解。

这其实是件很遗憾的事。艺术家们在创造这些艺术品时，一定是希望有人能够懂得自己的创作意图，能够懂得欣赏这些艺术品，而不是只关心这些艺术品值多少钱。但实际情况却是，很多人因为都是"美盲"，即使有机会看到这些艺术作品，看到的也只是皮毛，根本没有欣赏能力。

"美盲"所代表的，既不是物质，也不是知识和文化，而是一种审美的能力。如果缺乏这种能力，我们所看到的、所感受到的，只是生活中"庸俗"的一面，即便有再丰富的物质、知识和文化，也领悟不到生活的美，更别说用美来装扮生活了。

有些人天生就具有一定的审美能力，但这只是一小部分人，多数人都需要经过后天的培养才能具备这种能力，尤其是小时候接受过艺术审美教育的人，才有可能逐渐培养起这种修养和能力。所以，在培养孩子各项能力的过程中，妈妈不要将目光全放在孩子的英语水平、数学水平、学习能力等方面，还要将孩子的美育教育重视起来，千万别让孩子成为一名美盲。英语水平高、学习成绩好，孩子将来可能会考上好学校，毕业后谋求一份好的职业，但美育修养却直接关乎孩子未来的生活品质和幸福指数。

那么，妈妈需要怎样对孩子进行美育教育呢？

多给孩子提供接触美好事物的机会

有些妈妈一听要陪养孩子的审美能力，马上就想到了外面各种各样的艺术培训班，认为只要把孩子送入这些美术班、音乐班中，就能开发孩子的艺术潜能，培养孩子的审美能力。从一定程度上来说，这些培训班对提高某些孩子的艺术审美能力的确有一定的帮助，但如果只依靠培训班来对孩子进行美育教育，那是不太现实的。

美育是孩子们打开世界的一扇门，美育教育培养的是孩子对美的感受力和判断力，绝不是涂抹几笔颜料或画几幅素描就能达到的。它应该渗透到孩子生活中的方方面面，让孩子能够从最简单的生活当中发现美、感受美。

其实做到这点并不难。这个世界对于我们成人来说也许并不新鲜，但对于刚刚接触世界的孩子来说，一切都是新奇的、美好的。那些我们大人觉得完全不起眼的东西，却也容易成为孩子眼中最美好的事物。比如，草地上的小花、天空中飞翔的小鸟、正在搬家的小蚂蚁、雨后努力爬树的小蜗牛……当孩子沉迷于身边的这些小事物时，他们也正在用眼睛寻找和发现生活中的美好，进而发现世界的多样性，慢慢学会判断哪些是美的、哪些是丑的。

法国雕塑家罗丹曾说："生活中不缺少美，缺少的是发现美的眼睛。"所以，妈妈不妨多为孩子提供一些接触美好事物的机会，多带孩子感受自然之美、建筑之美、音乐之美、绘画之美等，甚至可以和孩子一起讨论一下这些美好事物的独特、趣味以及与众不同的美。慢慢地，这种对美好的感知和享受就会浸润孩子的内心，并伴随他的一生。

鼓励孩子对家居环境进行设计和装饰

有一位朋友，非常擅长家居布置。她会根据自己的品味，购买一些既合宜又好看的东西，把家里布置得舒适美丽，但其实花钱并不多。女儿从小受她的影响，也很喜欢设计布置自己的小房间。不仅如此，她还经常就房间内的某个物品和妈妈展开讨论，比如到底放在哪个位置合适？为什么放在这里最合适？

有一次，女儿班里组织元旦活动，要求同学们布置教室，女儿凭借自己的"专业知识"，当起了布置班级的"总设计师"。同学们在她的指挥下，很快就把班级布置得既温馨又喜庆，其他班级的老师看到了都直夸这个小女孩"设计得好""很能干"！其实，这与女孩平时在家里的锻炼是分不开的。

作为家里的女主人，妈妈也可以鼓励孩子就家居环境设计、装饰等发表自己的意见，或者鼓励他对一些小的方面进行自行设计、装饰。比如，电视墙选择什么色彩可以与房间的整体色调更搭配？墙上选择什么样的装饰画，会让家里显得更温馨？等等。既能锻炼孩子的想象力，又能启发孩子的审美能力。

有人说：美是活着和生活之间的分界线。孩子从小获得了美的教育，长大后会懂得发现美、欣赏美，并用美来装扮生活、规划生活。在同等的经济条件下，也可以生活得更充实、更有趣、更幸福。这一点，是再多的物质、知识和文化都无法替代的。

尊重孩子的"臭美"行为

如果孩子在穿衣打扮上花了些心思，在一些妈妈眼中就变成了危险行为，害怕孩子学坏了，甚至会严厉制止，并要求孩子把心思多花在学习上，不要天天琢磨些乱七八糟的事，不务正业。其实孩子在童年时出现一些审美萌芽是很正常的，妈妈们完全不必如临大敌，更不要将其与"不务正业"联系在一起，这只不过是孩子在探索美、发现美的一个必经过程而已。而一个人长大后的气质，很大程度上是由孩童时期的审美所形成的。可以说，孩童时期的审美将奠定一个人一生的审美和生活品质。如果你忽略甚至制止孩子在这方面的探索，或用自己的审美来干涉孩子对美的感知，孩子长大后，也会缺乏审美能力，审美趣味也会比较低。

著名主持人杨澜就说："没人有义务透过你普通的外表，发现你优秀的内在。"所以，孩子爱"臭美"不是错，这恰恰说明他有了对美的感知和自己的想法。如果妈妈对孩子的爱美之心是包容甚至鼓励的，并给予耐心引导，孩子不仅不会因此而变得"不务正业"，反而还会慢慢多出一项重要的能力——审美能力。

第三节 保护孩子天马行空的想象力

在经典作品《小王子》中，有个人物是飞行员。在他6岁那年，他画过一幅画，然后兴致勃勃地拿着这幅画给大人们看，并且问："你们害怕吗？"大人们瞄了一眼，说："不就是一顶帽子吗？有什么可怕的！"

其实，飞行员画的是一条巨蟒正在消化一头大象。为了能让大人们看懂，他还把巨蟒肚子里的情况详细地画了出来。可惜，大人们仍然没看懂，而且也没兴趣看，他们把精力都放到了历史、地理和数学上面。就这样，在6岁那年，飞行员放弃了自己的画家梦。

每个大人在童年时都有过天马行空的想象力，遗憾的是，这种想象力慢慢地都被大人们扼杀在萌芽状态了。当一个想象力夭折的小孩长大后，在面对自己孩子天马行空的想象力时，也会用有色眼镜去看待，甚至也像当初的自己那样，把孩子的想象力扼杀掉。

比如，孩子画了一个蓝色的太阳，妈妈看到了，可能就会说："看你画的什么啊？太阳哪有蓝色的？太阳都得画成红色的！"可孩子却说："我画的是海里的太阳啊！大海是蓝色的，所以海里的太阳也是蓝色的。"你看，孩子的想法总是这么天马行空，让人出乎意料。

美国内华达州有一起著名的案子，一位母亲把女儿的幼儿园告上了法庭，理由是女儿上幼儿园后不久就学会了26个字母，并且看到字母"o"，只知道它是 26 个字母中的一个。但在这之前，女儿会把字母"o"想象成太阳、足球、花朵等很多美好的东西。因此这位母亲认为，幼儿园扼杀了女儿的想象力。结果，这位母亲的官司打赢了！在这个过程中，陪审团被这位母亲的一个故事打动了：在一次旅行中，她看到公园里有一只天鹅，很美，却不会飞，原来是它一边的翅膀被折断了，只能和一群野鸭待在池塘里。而孩子失去了想象力，就像这只折断了翅膀的天鹅一样，永远都飞不起来了，只能禁锢在一个既定认知的小天地中。

想象力是上帝赐予我们每个人最珍贵的礼物，没有想象力，生命就会缺乏色泽和活力，变得乏味、无趣。然而在现实中，我们在责怪现在的教育破坏孩子想象力的同时，自己也在不经意间破坏着孩子的想象力。要想保护孩子的想象力，妈妈有不可推卸的责任和义务。要想保护好孩子的想象力，同时又能激发孩子的想象力，下面的几个方法，妈妈们不妨一试。

积极参与到孩子的世界当中，适当为孩子提供指引

现在很多妈妈都是职场妈妈，白天要上班，忙于事业，晚上回来后，又要忙于家务，辅导孩子功课，很难有时间好好关注一下孩子的需求。有时孩子提出一个很好玩的想法，或说出一些天真烂漫的话语，妈妈们可能都没注意到，或忙得根本顾不上回应。其实，这些都是孩子想象力迸发的时刻，如果错过了，孩子的想法得不到妈妈的回应，慢慢孩子可能也不再想、不再说了，任由想象力一点点被忽略、被扼杀。

比如在著名的动画片《大头儿子和小头爸爸》中，就有一段这样的情节：小头爸爸正忙着在电脑前加班工作，大头儿子跑过来兴冲冲地对爸爸说："爸爸，咱们去白夜城打败怪兽吧。"故事中的"白夜城"是大头儿子和他的朋友棉花糖创造出来的，大头儿子很为自己的这个创作而自豪，因此盛情邀请爸爸跟他一起去"打怪兽"。可爸爸这时正忙着，根本顾不上儿子的"邀请"，只是敷衍道："大头儿子，好好好，你先去。"

生活中，我们也会遇到类似的情况。当你正忙着时，孩子跑过来拉着

你说：“妈妈，我们一起去月球吧！”妈妈要么敷衍孩子说：“好，你先去，我忙完就去！”要么直接打断孩子的话：“还去月球呢，还要去哪？天天脑子里就胡想八想的！"一句话，孩子的想象力立马灰飞烟灭了！久而久之，不但孩子与妈妈的关系会变得疏远，而且孩子很多灵机一动的想法也因为得不到回应和反馈而逐渐消失。这是十分可惜的！

要想保护和激发孩子的想象力，妈妈首先就要参与到孩子的世界当中，与孩子一起游戏，了解孩子的想法，一起去尽情想象。哪怕是最简单的过家家游戏，也可以很好地锻炼孩子的想象力，比如孩子可以在游戏过程中设计各种人物、编出各种事件等。如果这其中有些知识和内容不合逻辑，妈妈也可适当给予孩子提醒和指引，既增加了孩子的游戏兴趣，又能让孩子的想象力尽情发挥。

多听听孩子的想法，多给孩子一些自由

心理学家认为，想象力可令孩子的思想冲出狭隘的空间，发现更为广阔的世界，丰富知识和阅历。而且，想象力原本就是一种创造性的能力，就像爱因斯坦说的那样："想象力比知识更重要。"因为想象力一直在推动着知识的进步，是知识得以不断进化的源泉。而孩子的大脑还未形成固定的思维方式，因此才会天马行空，有丰富的想象力和创造力。如果妈妈能够好好地保护孩子的这种能力，那么便是为孩子的想象力提供了更为广阔的空间。

要做到这一点，妈妈平时在与孩子沟通时，就要多听听孩子的想法，多给孩子一些自由，放飞孩子幻想的心灵。哪怕孩子说出的都是一些不切实际的想法，甚至做出一些破坏性行为，只要不是危险的或伤害他人的行为，妈妈都要适当给予孩子鼓励和肯定。

比如，有位妈妈对于孩子平时的"胡思乱想"不但不阻止，还会很认真地跟孩子交流。有一天晚上，孩子忽然指着天上的月亮对妈妈说："妈妈一看，月亮上有人在走动。"妈妈顺着儿子的手看了看月亮，然后肯定地说:"嗯,你说得对,看起来真有人在走动呢,可他们是谁呢?"然后让孩子发挥自己的想象,说说月亮上的人都有谁,并鼓励孩子根据自己的想象画出具体的图景,其中有哪些人物,这些人都穿什么衣服、说了什么话、做了什么事等,期间,她也偶尔问一下孩子:"他们之间有没有发生矛盾?他们是怎么解决的呢?"以此来引导孩子更加深入地进行思考和想象。这样不但让孩子原本模糊的幻想变得更加具体,还锻炼了孩子的理解能力、表达能力、思维能力等。

还有些孩子特别喜欢搞破坏,新玩具买回来后不久,就被孩子大卸八块了。有些妈妈一看到孩子拆玩具就斥责孩子,说孩子"不懂得珍惜",甚至大骂孩子"败家子"。其实妈妈是误会孩子了,拆卸玩具这个过程对于孩子来说,也是一个锻炼想象力和创造力的过程。在拿到新玩具后,孩子首先会研究这个玩具的玩法,接着,他就开始想象这个玩具的内部结构了:它为什么会发出声音?为什么会跑?为什么能说不同的话?它们的内部结构跟我想的一样吗?为了弄清这些问题,孩子便开始动手拆卸,想一探究竟。在这个过程中,不但孩子的动手能力获得了锻炼,而且想象能力和探索能力也都获得了提升。

多为孩子创造玩耍的机会

瑞士儿童心理学家让·皮亚杰曾指出:玩耍有助于孩子的认知发展。依照他的理论,孩子是通过玩耍来了解和认识世界的。婴儿时期,孩子的玩耍都是身体性的,他们会用触觉、嗅觉等来感知世界,什么东西拿到手里后都会先塞到嘴里。然后是练习式的玩耍,即不停地爬上爬下、奔跑跳跃,或者一次接一次地打开瓶盖、合上瓶盖,通过这样的方式来体验周围的环境,认识身边的事物。

再然后,就是各种想象力游戏了。孩子在成长过程中,会不断从现实中吸收一些想法和概念,然后应用到自己的想象世界之中。比如,他会假扮成爸爸或妈妈,来跟妈妈玩过家家游戏。在游戏中,自己该干什么,妈妈该干什么，他都会通过想象一句句地表达出来。对于孩子的心智发展来说，这种游戏是一种非常重要且有效的锻炼方式，通过想象，他们将现实中的大世界微缩到自己的能力能够掌控的小世界之中。

随着孩子年龄的增长，他们玩耍的项目也会越来越多，玩耍的过程也会越来越复杂，这也是因为他们的想象力在发挥作用。比如，他们再玩过家家游戏的话，会通过想象在游戏中加入许多情境，扮演不同的角色，或者假装遇到了一些突发状况等，以此来丰富游戏内容。在这个过程中，想象力也会得到发展。

因此，妈妈平时可适当为孩子创造一些玩耍、游戏的机会，不要总把孩子禁锢在课桌旁，孩子的人生也会因此而变得更加丰富多彩。

第四节　陪孩子逛逛美术馆、博物馆

对孩子进行美育教育，培养孩子的审美能力，最好的方法之一就是经常带他们去逛美术馆和博物馆。

有些妈妈可能会担心：美术馆、博物馆里陈列的画作、展品等，连大人都看不懂，孩子那么小，能看懂什么啊？

这完全是站在大人的角度看问题，正因为大人看不懂，所以才认为孩子也看不懂。然而在孩子眼中，一切事物都是新奇的、美的、好玩的、有特点的，所以在面对一幅幅抽象的画作、一件件在大人看来十分枯燥的展品时，通常会表现出巨大的热情。而且，孩子看到的东西往往与我们大人看到的也有所不同。

比如，在美术馆欣赏一幅名画时，大人看的可能是这幅画中有哪些物品、哪些人物，这些人物在做什么，整个画面表达了什么思想，等等；而孩子第一眼看到的，可能是这幅画的整体色调，上面有哪些鲜艳的色彩、有什么特别的形状和线条。有些画作中还会描绘儿童、动物、花园等主题，这些又会给孩子带来亲切感，让孩子觉得这幅画就是他生活的一部分。也因为如此，许多孩子对一些描绘日常生活的印象派画作特别感兴趣。还有些表现情感的画作，如画中的人物微笑、哭泣、发怒等表情，也会让孩子印象深刻。

这些对于孩子来说都是一种很有效的审美启发，让孩子的眼睛获得了美的享受。而且小孩子的观察力有时比大人更加敏锐，很多孩子会在第一眼就看到大人注意不到的一些小细节。

所以，妈妈们可千万别小看了孩子的观察和欣赏能力，有机会的话，经常带孩子逛逛美术馆、博物馆等，对于孩子的美育教育绝对是有很大帮助的。

带孩子去美术馆时，该怎样引导孩子欣赏作品

有些妈妈也会带孩子去逛美术馆，可去几次后发现，孩子进去根本就不认真看，东瞅瞅、西瞧瞧，每幅画前都会好奇地瞄几眼，但每幅画都不好好看。有时想给他讲几句画中的内容，结果人家根本不听。这种走马观花式的欣赏方法，能有什么收获呢？

在最初带孩子去美术馆时，最重要的是帮孩子建造一种创造性的、积极的、有趣的记忆，这样以后孩子才不会对艺术和审美产生畏惧感。因此，如果馆内有老师引导，能够激发孩子的兴趣最好；如果没有，不妨就让孩子按照自己的方式去观赏。

在孩子观赏时，如果他没有主动问起，妈妈最好不要"自作多情"地给孩子讲解画中的内容，也不用告诉他这是什么大师的作品。因为对于孩子来说，一幅世界著名大师的杰作与一位普通画家的作品还没有太大的区别，他只关注这幅画中有什么好玩、有趣的东西，画中的内容是否有故事性，或者其中的什么图形引发了他的想象。总之，他一定能从画中找到属于自己的体验。有时不懂反而是好的，因为这样可以让孩子展开无限的想象，孩子也会从中体会到更多的乐趣。

如果孩子主动问起了，恰好妈妈也是这方面的行家，那么可以适当为孩子讲解一下；如果妈妈也不是很理解，就不要煞有介事地为孩子念叨导览上的文字。如果你有一些自己的想法，可以与孩子一起讨论，或者通过其他问题来吸引孩子的注意力，比如：这个图形让你想到了什么？你见过

这个东西吗？也可以借助一些简单的词汇，如明亮、昏暗、细致、粗糙等，帮助孩子逐渐理解作品中特有的环境和意境。

带孩子去博物馆，如何引导孩子观赏展品

要对孩子进行美育，逛博物馆是必不可少的，但这并不意味着要让孩子带着学习的目的来逛。不同的博物馆内，陈列的物品各有不同，孩子参观时的感受也不同。自然博物馆内有各种化石、动植物标本等，孩子通常都会反反复复看不腻；科技博物馆会有一些互动性强的科技表演，孩子在里面可以玩得很嗨；美术博物馆内有各种画作，孩子也可以尽情观赏。这些过程，远比让孩子记住几个陈列品的样子、回去写篇作文更重要。逛博物馆既是对孩子进行美育启蒙教育的一种非常好的途径，也是引导孩子面对真实世界的一个不可多得的机会。真正的美育教育，除了要进行一些技法的学习外，更重要的应该就是培养孩子感知美和发现美的能力。

所以，妈妈在带孩子逛博物馆时，不要带有太强的目的性，也不要让孩子按照顺序，从头到尾一个不落地看个遍。在参观过程中，如果孩子对某件东西产生了兴趣，不妨给孩子时间，让他慢慢"研究"，从而真正获得自己想要的东西。也许孩子看了半天也没弄明白自己看的这个东西到底是什么，但那又有什么关系呢？孩子的审美，本来就是在这种润物细无声的感受中一点点萌发、生长、提升的！

总之，不管是陪孩子逛美术馆，还是带孩子逛博物馆，妈妈都需要多花一点心思，既要保护孩子的好奇心和探索欲望，又不能干扰和破坏孩子对美的感知能力和鉴别能力。著名画家毕加索曾说过："孩子是天生的艺术家"。的确，孩子对艺术、对美一向都具有敏锐的直觉能力。而美好的东西又是超越年龄、国界与信仰的，它可以直击人心，尤其是孩子那颗纯洁的、未经世俗浸染的心。因此，有空的时候，妈妈请带着孩子一起走进这个艺术世界，让孩子多多接触美、发现美、感知美吧！

第五节　跟孩子一起发现生活中的美

孩子都是爱美的,也很容易从生活中发现各种美。但随着年龄的增大,周遭环境的影响,尤其是现在各种电子产品对孩子的包围,使孩子变得越来越"成人化",对美的感受也逐渐丧失。所以,要对孩子进行美的教育,培养孩子的审美能力,妈妈应从小就要特别呵护孩子发现美的能力,引导孩子学会欣赏和领悟生活中的各种美好。

7岁的芊芊在妈妈的鼓励下,已经画了十几幅画了,这些画里的"主角"都是一株小植物——花生。从种下种子,到种子露白、顶土,再到出苗,芊芊都详细地用自己的画笔记录了这个过程。

原来,芊芊的妈妈特别喜欢养各种花草植物。从芊芊懂事开始,她就看到妈妈经常在阳台上侍弄那些花草,耳濡目染,芊芊也喜欢上了这些小植物。有一天,妈妈买来几颗花生种子,对芊芊说:"我们一起把花生种起来吧,然后由你负责照顾它。为了把小花生照顾好,你要仔细观察它是怎么生长、怎么发芽的哦!"

芊芊非常高兴地接受了这个任务。从那后,芊芊每天都要去观察小花生,然后把小花生的生长过程一笔一划地画下来。有时为了让画面更生动,她还会根据自己的想象在画中加上一只小蜜蜂、小瓢虫等。

一段时间后,妈妈发现,小花生不但被芊芊照顾得非常好,而且芊芊的画画水平也因此提高了不少，就连一些很小的细节，芊芊都画入了自己的画中，而且设计感非常强，画面既生动又美观。

我们知道，不是每个孩子将来都会成为艺术家，但每个孩子都应该有一双善于发现美的眼睛。引导孩子从生活中发现美、感受美、欣赏美，其实是在帮助孩子拥有一种寻找快乐的能力和一个感受丰富的内心世界。

其实审美并不高深，美的教育也不是什么高难的教育，妈妈完全可以把对孩子美的培养融入到日常生活的一点一滴当中，并用孩子能够理解的语言与他一起欣赏、分享这些美好。因为对孩子进行美育的过程本身就是个积累的过程，孩子只有慢慢学会从最简单、最平凡的生活中发现美、感受美，对美的理解才会更加全面，由此潜移默化地形成自己的审美体系。审美水平提高了，看世界的眼光自然也就不一样了，对待事物的方式也会大有不同。

生活处处都有美

生活中的美很平凡，因而也很容易被忽略，这就需要妈妈自己平时多注意生活中一些小美好，然后引导孩子去发现和欣赏。

有位妈妈是这样做的：她和 6 岁的女儿莉莉约定，每天两个人都要说出一件自己发现的新奇、好玩或好看的事物。比如，有一天，莉莉发现自己去幼儿园那条路的路边新开了一家小店，橱窗里摆放着各种各样漂亮的杯子，杯上还画着很有趣的图案。那天放学后，妈妈就陪她到里面逛了半天，还买了两个带图案的小杯子。妈妈还鼓励莉莉说："其实你也可以按照自己的想法，为这些杯子设计一些小图案啊！"莉莉觉得妈妈的提议不错，决定回家试一试。

还有一天，妈妈在接莉莉回家时，碰到路边有个人在发宣传单，原来是个蛋糕店开业。妈妈顺手接过一张一看，发现这张宣传单里的设计得特别有趣、特别温馨：上面有个大大的心形，心形里面是一些造型非常精美、非常有趣的小蛋糕图案，有小动物形状的、有花朵形状的、有小汽车形状的，每个小图案下面还加了一句温馨的话。于是，妈妈把宣传单交给莉莉，说："你看，这些小蛋糕的造型多有趣啊！你最喜欢哪个造型？……"母女俩边走边讨论，最后决定一起回家去设计一个小蛋糕造型出来。

其实生活原本就是由这些小平凡、小普通组成的，但只要有心，就能发现其中的很多美好，这些也都可以成为对孩子进行美育教育的教材和契机。

在艺术活动中让孩子感受美

如果有条件的话，妈妈也可带孩子去参加一些艺术活动，比如，玩具展、花卉展、动植物标本展等，为孩子创造更多发现美、感受美的机会。也可以和孩子一起去观看一些演出，如人偶剧、木偶剧、皮影戏等，给孩子在视觉上创造更多的刺激，丰富孩子对美的感受力。

当然，参观结束并不等于没事了，妈妈可以鼓励孩子回家后用画笔把自己看到的东西记录下来，尤其是那些让孩子印象深刻或孩子感觉最美的部分，增强孩子对美的感受力和表达能力。经过多次锻炼后，孩子再进行参观欣赏时，也会有意识地去捕捉那些他所感兴趣的色彩、花纹、图形、线条等，并运用到自己的创作当中。

另外，妈妈也可以运用自己灵巧的双手，在家里与孩子一起进行一些DIY创作活动。鸡蛋壳、纸片、报纸、吸管、树叶、牛奶盒等，都可以作为艺术创作的素材。妈妈也可以鼓励孩子充分发挥想象，利用手中的素材，创作出自己想象中的作品。

艺术活动为孩子提供的原本就是一个不受拘束、自由想象和创作的广阔空间，只要妈妈和孩子能积极参与其中，就一定能够体会到其中的乐趣，而孩子也能从中发现和感受到各种美好和快乐。

与孩子一起欣赏大自然中各种形态的美

审美首先是从感性认识开始的，因此要对孩子进行美育教育，就要创造机会，让孩子感知到的事物更加丰富。而大自然中的景物五颜六色、千姿百态，可以很好地刺激孩子的感官，丰富孩子的感官认识。

大自然是最棒的设计师，所以在不同的季节，妈妈都可以把孩子带到大自然中去观察和欣赏。春天，可以去观察河边刚刚萌芽的嫩绿的柳叶、地上正要探出头来的青青小草；夏天，红玫瑰、黄菊花、白水仙、粉牡丹，争奇斗艳，娇媚百生，是让孩子感知色彩和美好的最佳方式；秋天，红的番茄、绿的黄瓜、紫的茄子、白的萝卜，同样是色彩斑斓，满眼绚烂；冬天，大地银装素裹、蓝天、白云、飞鸟，完全可以给孩子带来不一样的感受。

此外，巍峨的山峰、挺拔的松树、蜿蜒的河流、辽阔的草原，以及雨后的彩虹、飞舞的蝴蝶、满天的繁星、秋日的圆月……大自然中各种不同造型、不同形态的事物，都具有独具一格的形态美。经常引导孩子观察大自然中这些美好的事物，一样可以丰富孩子对美的感受。

与此同时，妈妈也可以以大自然中的各种天然素材为教材，为孩子讲解一下其中的各种知识，如颜色的种类、特点，不同树叶上的不同脉络，以及各种事物的相互关系等，都可以让孩子领悟到大自然的神来之笔，丰富自己的眼界与内心，为孩子灿烂的一生奠定良好的审美情趣和人文素养。